＼失敗事例で分かる／

自治体
法規担当
の仕事

蓮實憲太［著］

学陽書房

はじめに

　法規担当は、多くの業務を担当します。例規審査に始まり、議会対応、法令相談、行政手続・行政不服審査、情報公開・個人情報保護、文書事務などです。慣れるまでは、本当に大変だと思います。そこで本書は、主に法規担当経験の浅い方に向けて、実務のポイントをお伝えします。

　筆者に法規担当への異動が内示されたとき、生活保護ケースワーカーという別の畑から異動する自分に務まるのか、不安がありました。

　大きな不安からスタートした法規担当時代、初めは失敗の連続でした。例規審査で間違った修正を指示したり、法令相談では誤った解釈を伝えたりすることもありました。失敗しながらも、良き上司・良き先輩方に恵まれ、また研修などをきっかけに知り合った研究者や他自治体の法規担当者からも多くを学ばせていただき、何とか務めることができました。

　本書には、その失敗を乗り越えて得たノウハウを詰め込んでいます。保元市という架空の自治体の法規担当２年目の伯耆主事を主人公にして、失敗事例を通じ、例規審査などに必要な知識や考え方を解説しています。法規担当の実務でよくある事例をテーマにしました。

　法規担当の仕事は、苦しいこともある反面、様々なことに挑戦できるやりがいのある仕事です。私も情報公開条例の改正や行政リーガルドックなど業務改善の実施、政策法務推進体制の見直しなど、様々な取組を通じて多くのものを得ることができました。皆さんにもぜひこのやりがいを感じてほしいと願っています。

　また、新型コロナウイルス感染症の流行によって、自治体行政を取り巻く環境は、ますます厳しくなっています。通常業務に加え、他部署への応援などで原課の職員は疲れ切っています。こんな時だからこそ、"縁の下の力持ち"である法規担当の役割は、一層重要になってきています。

　本書がそんな法規担当の皆さんに少しでもお役に立てば、幸甚です。

蓮實　憲太

第1章 例規審査・例規立案のポイント

第2章 法令相談対応のポイント

第3章 **行政手続・行政不服審査のポイント**

第4章 情報公開・個人情報保護のポイント

第5章 文書作成・管理のポイント

例規審査・例規立案のポイント

1 例規審査は基本が大切

▶ 法規担当の仕事術

失敗事例 条例改正の相談で基本をおろそかにした

　伯耆主事も法規担当 2 年目になり、法規の仕事にも慣れ、それなりに自信も付いてきました。しかし、少し気の緩みもあり、6 月議会に提案した条例の一部改正案の改正規定を「〜に改め、〜に改める」と重複して入れてしまい、議案を修正することになってしまいました。

事例解説 丁寧に見れば防げたミスがある

改正案	現行
第 6 条　天災地変その他特別な事由がある場合において、<u>管理者</u>が必要があると認めるときは、分担金を<u>減額し、若しくは免除し</u>、又はその徴収を延期することができる。	第 6 条　天災地変その他特別な事由がある場合において、<u>市長</u>が必要があると認めるときは、分担金を<u>減免し</u>、又はその徴収を延期することができる。

この事例は、上記の改正について、

　　第 6 条中「市長」を「管理者」に、「減免し」を「減額し、若しくは免除し」に改める。

　としなければならないところ、

　　第 6 条中「市長」を「管理者」に<u>改め</u>、「減免し」を「減額し、若しくは免除し」に改める。

　と本来必要のない改正規定（「改め」）があり、重複しているのを見落としたまま、議会に提案してしまったというものです。

基本は「法制的視点」からの審査

　原課から条例改正の相談があったとき、法規担当は、行政的視点、財政的視点、政策的視点など、様々な視点から審査をしますが、何といっても基本は、法制的視点からの審査です。それは、条例改正に不慣れな原課が、法規担当に最も期待していることだからです。

　この事例の失敗の原因は、基本である法制的視点をおろそかにした点にあります。基本的な失敗を繰り返すと、法規担当の信用が低下してしまうので、「改める」「加わる」「削る」などの改正規定を習熟し、簡単なミスをしないように留意しましょう。

初歩的なミスを見落とさない

　そのほかよくある初歩的ミスとしては、改正対象部分の引用不足があります。**1つの独立した意味をもつ言葉は、その全部を引用する必要があります**（『法制執務詳解 新版Ⅲ』石毛正純、ぎょうせい）が、「20歳」を「18歳」に変更したいときに、「『20』を『18』に改める」と、「歳」などの単位を忘れてしまう事例が見られます。また、例規改正に不慣れな職員が、「第○条第△号を次のとおり改める」と、うっかり見落としそうな案文を作成してきたことがありました。基本的なことに細心の注意を払いましょう。

　それから、条項を移動した際に、当該条項を引用している条文の改正が漏れてしまうこともよくあります。その条例の中はもちろん、施行規則などの引用にずれが生じないていないか、よく審査するようにしましょう。

ポイント

● 例規審査に臨むとき、基本を大切にするのが法規担当の術！
● 地味かもしれないが、改正規定のルールを習熟しよう！

2 基準省令を鵜呑みにするな

▶ 例規審査・例規立案の心構え

失敗事例 省令をコピーしたら思わぬ落とし穴が…

　9月議会に国から提示された「基準省令」をそのまま書き写した条例案を議案として提出しました。伯耆主事は、「省令どおりなので、特に問題ないだろう」と考えていました。しかし、法制執務に詳しい議員から「条例案に誤りがある」と指摘があり、最終的に条例案を撤回することになってしまいました。

事例解説 コピーした条文を審査せずに起きたミス

　国から自治体に許認可等の権限が委譲される場合に、条例に規定する内容についての基準が示されます。省令として示されることが多いため「基準省令」と呼ばれ、例えば、放課後児童健全育成事業の設備及び運営に関する基準（平成26年厚生労働省令第63号）が挙げられます。また、税制改正や人事院勧告を受けて、市町村税条例や給与条例など、全国統一的に改正が必要な場合に、国や県から準則が示されることがあります。

　基準省令や準則が示されることで、自治体ではそれを参考にして、条例の制定や改正作業をスムーズに進められるという利点があります。しかし、基準省令や準則の中には、法制執務のルールを踏まえていないものや、「及び」「並びに」「又は」「若しくは」など用字用語の使い方に疑問を感じるものもあり、全幅の信頼を置くのは危険です。

　この事例の失敗は、「国が示した基準省令だから、大丈夫だろう」と考え、十分な審査をしなかったために、起きてしまいました。

府令・省令を鵜呑みにしてはならない

　基準省令や準則の存在を否定するわけではありませんが、用字用語などその内容に誤りがあり、条例の制定や改正に影響が出るケースが起きています。最近では、幼児教育・保育の無償化に係る内閣府令に、市町村条例に引用される部分を含む96か所の誤りがあったことが記憶に新しいですが、この原因については**「作成過程において、十分な確認が行われなかったことにより生じた」**（「幼児教育・保育の無償化に係る内閣府令の誤りに関する質問主意書に対する政府答弁書」）とされています。

　府令や省令は、法律・政令のように内閣法制局の審査を受けているわけではありませんので、鵜呑みするのは禁物です。

参考にするときは十分な確認を

　上記の幼児教育・保育の無償化に係る内閣府令のミスは、自治体からの指摘によって分かったものですが、誤字脱字など初歩的なもので、複数回、複数人で確認していれば、防げたのではないでしょうか。自治体においては、単にコピーするのではなく、用字用語や句読点の使い方など法制執務上の審査・確認をしっかりする必要があるでしょう。

　原課はともかく法規担当が「国が示したものだから間違いない。大丈夫だろう」と、無批判に基準省令や準則を受け入れてしまう「思考停止状態」に陥ってはいけません。これらを基に制定した条例に誤りがあり、住民に不利益が生じてしまったときに、責任を取るのは自治体です。このことを自覚し、法規担当としての役目を十分に果たしましょう。

ポイント

◉基準省令・準則を鵜呑みにするのは禁物！　用字用語も
◉基準省令・準則を参考にするときは十分確認しよう！

3 たかが1字違い、 されど意味が全く異なる

▶ 法令用語の重要性

失敗事例 「その他」と「その他の」で別の意味に

条例案の検討をしている道路課の係長から「条例の中に、『その他』と『その他の』って、2パターンあるんだけど、どんな違いがあるの？」と質問がありました。伯耆主事は、「その他」と「その他の」との違いについて、うろ覚えでうまく答えることができませんでした。

事例解説 法令用語として使い方に違いがある

日常用語では、「その他」と「その他の」との違いは明確ではなく、ほとんど同じ意味で使われています。しかし、法令で使用する場合には、「その他」と「その他の」はたった1文字違いですが、意味が大きく異なります。

これ以外にも、例えば「及び」と「並びに」はどちらも英語でいうと、「and」の意味で、日常用語では「りんご"並びに"みかん」と書いても間違いではありませんが、法令用語の場合には誤りになります（「りんご"及び"みかん」とします。）。

このように法令用語には、明確なルールがあるわけですが、この事例では理解が十分でなかったために、原課の質問に適切に回答できなかったというものです。

「その他」と「その他の」は並列か例示かの違い

　日常用語の場合と違って、法令用語としての「その他」と「その他の」との意味は異なり、明確に使い分けがされています。

　「A、Bその他C」の場合、A、B、Cは<u>並列</u>の関係です。一方、「A、Bその他のC」の場合、A、BはCの<u>例示</u>となります（詳しくは、16頁の参考資料を参照してください。）。

「直ちに」「遅滞なく」「速やかに」

　「その他」と「その他の」以外にも使い方に頭を悩ます法令用語はいろいろとありますが、筆者は、「直ちに」「遅滞なく」「速やかに」に苦戦していました。いずれも時間的即時性を表しますが、その強弱は次のように整理されます。

時間的即時性 強→弱		
直ちに	…	何をさておいてもすぐに行わなければならない
遅滞なく	…	正当な or 合理的な理由がない限り直ちに行わなければならない
速やかに	…	できる限り早く行わなければならない

（出典）石毛正純『法制執務詳解 新版III』（ぎょうせい、2020年）628頁を参考に筆者作成

　3つの違いをよく理解し、例規審査においては、どれを用いれば条文の趣旨に最も適合するのか、原課と打合せをしながら検討する必要があります。

ポイント

◉法令用語≠日常用語
◉似た意味を持つ用語の"微妙"な違いを正確に理解しよう！

「その他」「その他の」の具体例

> ○公職選挙法（昭和25年法律第100号）
> 　（公務員の立候補制限）
> 第89条　（略）
> 　⑶　専務として委員、顧問、参与、嘱託員 その他 これらに準ずる職
> 　　にある者で臨時又は非常勤のものにつき、政令で指定するもの
> 　（政治又は選挙に関する調査研究を目的とした選挙人名簿の抄本の閲
> 　覧）
> 第28条の3　市町村の選挙管理委員会は、前条第1項に定めるもののほ
> 　か、統計調査、世論調査、学術研究 その他の 調査研究で公益性が高
> 　いと認められるもののうち〜（略）。

【解説】

①第89条のイメージ

　「委員」「顧問」「参与」「嘱託員」と「これらに準ずる職」とは、並列
関係です。

②第28条の3のイメージ

　「統計調査」「世論調査」「学術調査」は、「調査研究」の例示です。

（出典）長野秀幸『基礎からわかる法令用語』（学陽書房、2015年）18〜21頁を参考に筆者作成

1つの法律の中でも明確に使い分けられている

○介護保険法（平成９年法律第123号）
　（介護支援専門員証の交付等）
第69条の７　（略）

　8　前項の規定により介護支援専門員証の提出を受けた都道府県知事
　は、同項の禁止の期間が満了した場合においてその提出者から返還の
　請求があったときは、直ちに、当該介護支援専門員証を返還しなけれ
　ばならない。

　（報告等）
第69条の38　（略）

　4　都道府県知事は、他の都道府県知事の登録を受けている介護支援専
　門員に対して前２項の規定による処分をしたときは、遅滞なく、その
　旨を、当該介護支援専門員の登録をしている都道府県知事に通知しな
　ければならない。

　（届出等）
第12条　（略）

　4　被保険者は、その資格を喪失したときは、厚生労働省令で定めると
　ころにより、速やかに、被保険者証を返還しなければならない。

【解説】

　上の介護保険法の３つの規定は次のように解釈することができます。

・都道府県知事は、何をさておいてもすぐに「介護支援専門員証」を返
　還しなければならない。

・都道府県知事は、正当な理由か合理的な理由がない場合には、すぐに
　当該介護支援専門員の登録をしている都道府県知事に通知しなければ
　ならない。

・被保険者は、できる限り早く被保険者証を返還しなければならない。

4 審査では「主語」に気を付ける

▶ 例規審査でミス防止

失敗事例 教育施設の使用料の減免権者を間違えた

保元市ではホースパークを新設することになり、施設を所管する教育委員会から条例案の審査依頼がありました。使用料の減免規定が「教育委員会は、~減額し、又は免除することができる」でしたが、伯耆主事は特に気にすることもなく、条例案はそのまま議会に提案され、議決を受けました。しかし、後日、本当は主語を市長にしなければならないことを指摘されました。

事例解説 条文の「主語」が正しいかよく確認する

地方教育行政の組織及び運営に関する法律21条2号の規定により、教育財産の管理は、教育委員会の権限とされています。ホースパークは、教育委員会所管の施設で、教育財産ですから、使用料の徴収やその減免の権限も教育委員会にあると考えてしまうのが、普通かもしれません。

しかし、地方自治法149条3号の規定により、使用料を徴収することは、「自治体の長の権限」とされ、使用料の減免は徴収権の中に含まれると考えられています。なお、教育委員会が管理している市営球場について、「使用料の減免措置は、市長の権限である」とした行政実例（昭和36.5.29自治丁行発第27号香川県総務部長宛行政課長回答）もあります。

この事例では、「市長は、~減額し、又は免除することができる」としなければならないのに、「教育委員会所管だから」と注意不足な点があり、失敗しました。条例を審査する際には、条文の主語は本当に正しいのか、言い換えれば権限を持っているのは誰か、よく確認しましょう。

「長」以外の主語が多い条例に注意

　自治体の場合、自治体を代表して権限を行使するのは、長だけではありません。教育委員会や選挙管理委員会など、地方自治法上「執行機関」と呼ばれているものにも、法令によって権限が配分されています。

　教育財産、例えば体育施設などの条例であれば、施設の利用申請に対する決定や施設の利用制限などの権限は教育委員会にあるので、条文の主語も教育委員会です。「教育委員会は、〜」という条文ばかりの条例の中に、「教育委員会は、特別の理由があると認めるときは、使用料を減額し、又は免除することができる」というものがあっても、何の違和感もないかもしれません。しかし、地方自治法149条や180条の６などにより、長にしか権限が認められていないものもありますので、「長」以外の主語が多い条例を審査する際には、特に留意しましょう。

給付条例の主語には特に気を付ける

　住民にお金を給付するもの、例えば奨学資金の給付に関する条例をつくる場合、条文の主語は「教育委員会」でしょうか？　地方自治法149条２号により、予算の執行は長の権限とされていますので、条文の主語は長とすべきと考えます。

　注意しなければならないのは、教育委員会に奨学資金の給付に関する事務を委任する予定であっても、**委任するかどうかは議会ではなく長が決める**ということです。条例上はあくまでも「市長は、〜」と書く必要があります（地方自治法180条の２）。

> ### ポイント
> ◉教育施設の減免規定の主語をよく確認しよう。
> ◉予算の執行が絡む条例の主語に要注意！

5 早期関与で 「もう改正⁉」をなくす

▶ 原課への助言や関わり方

失敗事例 条例制定時の検討が不十分だった

　産業振興課の係長から「保元市企業立地促進条例を改正したい」と、伯耆主事に相談がありました。奨励金の交付要件を見直すものでしたが、この条例は昨年、新規制定したばかりでした。そのため、議会の委員会審議の際に、「なぜ制定時に十分な議論をしなかったのか」「法規担当はきちんと審査しているのか」など、議員から厳しい意見が上がりました。

事例解説 制度設計への助言が重要

　保元市では、企業の立地を促進し、地域の雇用創出を図ろうと、企業に奨励金を交付したり、固定資産税を減免したりする企業立地促進条例を新規制定しました。しかし、「新規従業員数が10人以上であること」という奨励金の交付要件はハードルが高く、応募しづらいことが分かりました。また、条例制定後に産業振興課がつくった奨励金制度についてのリーフレットに書かれた申請の手順が、条例の規定と食い違いがあることも分かり、内容を運用に合わせるため、たった1年で条例を改正することになったのです。

　この事例では、担当課である産業振興課が企業にヒアリングをした上で検討したり、申請手順のフロー図を用意して全体を見通してから条文を書いていれば、失敗を防げたでしょう。法規担当として、ヒアリングやフロー図の作成を助言していれば、伯耆主事は「法規担当はきちんと審査しているのか」と言われずに済んだはずです。

条例の見直しまでのスパンは5年

　新たに条例をつくったときに、どれくらい期間が経過したら見直しをすべきかを定めた明確なルールはありません。そこで、法規担当が原課に対し、見直しを検討すべき時期を示すことが大切です。筆者は、企業立地促進条例のような政策条例の場合は、「少なくても5年は改正しないで済むよう、十分検討をしてください」と原課にお願いしていました。

　「引用している法令の条項ずれ」のような形式的な改正ならともかく、制定から1年しか経っていないのに実質的な改正をすることは、"朝令暮改"と言えます。事例の「交付要件のハードルを下げたい」という改正は、制定時の検討が不十分だったと自白しているようなものです。

早い段階で原課と関わる

　制定時の検討が不十分になってしまう背景には、原課から法規担当への相談のタイミングが遅いことが考えられます。ただでさえ議案の多い3月議会前に、新規制定の条例案を十分に審査するのは難しいでしょう。

　そこで、条例の新規制定に当たっては、法規担当が比較的早い段階から関わり、定期的な打合せを行うべきです。そのためには、庁議資料などから庁内の動きに敏感になっている必要があります。打合せを通じ、先進事例を確認したり、この事例で言えば交付要件が適当か、定義規定は適切かなど、原課と共に十分に検討したりすることができます。

　また、原課に制度の見取り図やフロー図をつくってもらい、文章をイメージで捉えるなど工夫して、原課が考えているとおりの条文になっているか、確認しましょう。

ポイント

◉条例を新規制定する際は、原課と共に十分な検討を！
◉比較的早い段階から、原課での条例検討に関わるようにしよう。

6 行政委員会は補助金交付要綱を制定できない

▶ 事務の委任と補助執行

失敗事例 予算執行の権限者を間違えた

教育委員会学校教育課の主査から、「児童生徒を対象にスポーツ振興補助金の交付を予定している。補助金交付要綱の発令形式は、教育委員会告示で問題ないか」と問合せがありました。予算も学校教育課に付いているので、伯耆主事は「問題ない」と答えたところ、隣の席の長門先輩から「違うぞ」と指導を受けてしまいました。

事例解説 自治法149条の理解不足で起きたミス

予算執行権は、長に専属しています。地方自治法149条には長が担当する主な事務が示されていて、その中には「予算の執行」（同条2号）が挙げられています。他方、同法180条の6第1号の規定により、教育委員会をはじめとする行政委員・行政委員会については、予算を執行する権限を持っていないとされています。

事例で問題になっている補助金の交付は、「予算の執行」ですので、教育委員会所管の事務に関係するものであっても、補助金交付要綱は原則として市長が制定するものです。

伯耆主事は早合点して、「問題ない」と思ってしまいました。地方自治法149条をよく理解していれば、正しく回答でき、主査からは「頼りになるな」と思われ、更に長門先輩から指導を受けずに済んだのではないでしょうか。

行政委員会の予算執行は"肩代わり"

　教育委員会など行政委員会に関する予算であっても、予算を執行する権限は長にあります。しかし、教育委員会の予算は教育委員会事務局に事務処理をしてもらった方が、首長部局で行うよりも効率的なため、地方自治法180条の2の規定により、「補助執行」制度を利用しているのが通例です。

　ここでいう補助執行は、長の権限の一部を、権限は長に残したまま、行政委員会の職員に事務処理などを"肩代わり"してもらうことです。ただし、予算執行権はあくまでも長に残ったままなので、予算執行権を持たない教育委員会は、補助金交付要綱を制定できません。

委任の場合は教育委員会でも補助金交付要綱を制定できる

　しかし、教育委員会が補助金交付要綱を制定できる場合もあるので、注意が必要です。それは、同じく地方自治法180条の2の規定により、事務を長から教育委員会に「委任」しているときです。

　ここでいう委任は、長の権限の一部を行政委員会、あるいはその職員に委ねて行ってもらうことです。この場合、権限は長のもとには残らず、行政委員会などに移転します。事例でいうと、「児童生徒を対象とするスポーツ振興補助金の交付に関する事務」を長から教育委員会に委任していれば、それは教育委員会の権限になっているので、補助金交付要綱を定めることができるのです。例規集にはこういうケースも搭載されていますので、それらを参考にしながら委任の有無に注意して審査しましょう。

ポイント

● 関係する地方自治法の条文の理解を深めよう！
● 行政委員会の補助金交付要綱は"委任"か"補助執行"かを確認！

参考資料

事務の委任イメージ（那須塩原市の例）

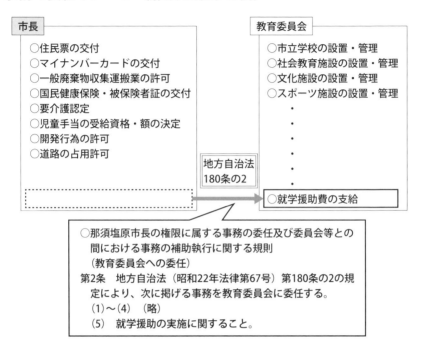

【解説】

　那須塩原市では、市長から行政委員会への事務の委任について、地方自治法180条の2に基づき協議した内容を規則に定めています。教育委員会には、例えば学校教育法19条に基づく「就学援助の実施に関すること」を委任していて、教育委員会が「那須塩原市就学援助費認定交付要綱」を定めています。

"委任"か"補助執行"かの確認方法

○　保元市長の権限に属する事務の委任及び委員会等との間における事務の補助執行に関する規則

（事務の委任）

第2条　市長は、次に掲げる事務を教育委員会に委任する。

⑴　教育委員会が所掌する公の施設の管理並びに使用料の徴収及び減免に関すること。

⑵　教育委員会が所掌する行政財産の目的外使用の使用料の額の決定、徴収及び減免に関すること。

⑶　奨学金の給付及び貸与に関すること。

⑷　就学援助の実施に関すること。

> 確認ポイント①
> 委任事項に補助金交付
> は含まれていない。

（委員会等への補助執行）

第5条　市長は、次に掲げる委員会等の所掌に係る事務を委員会等の職員に補助執行させる。

⑴～⑸　（略）

⑹　市が交付する補助金等の交付決定、実績報告の受付等に関すること。

> 確認ポイント②
> 補助金の交付は「補助執行」事項

正しい理解

　児童生徒対象の「スポーツ振興補助金」の交付は、市長の権限に属する事務を教育委員会の職員が補助執行しているだけで、教育委員会に権限があるわけではないから、教育委員会は補助金交付要綱を定めることはできない。

7 様式の元号表記に御用心!

失敗事例 改元ですぐに改正することに

保元市では、平成30年12月に屋外広告物条例を制定し、併せて条例施行規則を定めました。条例施行規則には申請書などの様式を定めていて、申請年月日を書くところに元号（平成）が表記されていました。しかし、伯耆主事は審査で見落とし、まもなく令和への改元があったため、すぐに条例施行規則の改正が必要になってしまいました。

事例解説 自治体独自のローカル・ルールがある

法規担当は、条例のほか、規則を審査しますが、条例施行規則には様式が定められていることが多く、様式の審査にそれなりの労力を要しています。また、要綱の審査についても、法規担当が担っている自治体も多く、要綱に定めている様式を含めると、かなりの数の様式をチェックしているはずです。そのため、小さなミスが起こりやすくなります。

条例施行規則の様式となると、かなりのボリュームです。用字用語や、引用している条例の条項に誤りがないかチェックしていると、意外に時間が掛かってしまいます。

保元市では、申請書などの様式には、元号を表記せず「　　年　　月　　日」とする独自ルールを決めていましたが、この事例では、用字用語などのチェックに目が行きがちで、ついつい元号表記や記入欄のルールを見落としてしまい、原課にすぐに改正してもらうことになってしまいました。

様式を定めるのは利便性のため

　住民票交付請求書をはじめ、様々な様式がありますが、なぜ様式が定められているのでしょうか。それは、様式があることで、住民は住所や氏名など申請に必要なことを書くことができ、また、申請書の形式が統一されているため、自治体としてもスムーズに審査ができるからです。

例規に定める様式には元号表記をしない

　なお、様式を定めるときには、元号変更の可能性などに対応できるよう注意しておくとよいでしょう。

　申請書など様式に元号を表記しておくか、空欄にしておくか、という明確なルールはないので、それぞれの自治体が判断しています。ネットで「補助金交付要綱」を検索し、様式を見てみると、元号表記をしていないものが多数を占めています（中には「平成」のままのものもあります。）。国でも、最近は様式に元号表記をしない傾向が見られます。トリビア的な話ですが、公職選挙法施行規則の様式について、令和への改元の際に、様式中から「平成」を削除し、元号表記を止めています。

　また、ルールがないということは、使い勝手の良いようにするなど、様式は工夫が可能です。そして、形式的な改正をしなくて済むよう、例規に定める様式には元号表記をしないルールを徹底するとよいでしょう。

　原課の職員の中には、様式は例規どおりに使用しなければならないと勘違いしている人が結構います。窓口に備え付けたり、ホームページに掲載するときに、元号や申請者住所欄に「保元市」を追加したり、記載欄の枠を広げたりすることは、問題なくできると説明しましょう。

ポイント

◉様式を定めると住民は便利で、行政も審査がスムーズに！

◉意外と盲点！　例規審査の際は、元号表記に用心を！

条例で"様式"を定められるの?

▶ 余計な改正を減らす方法

失敗事例 検討不足で改正手続が煩雑になった

　保元市では、公平委員会の事務を県に委託していましたが、自前で設置することにしました。委員の服務の宣誓条例に「宣誓書」の様式がありましたが、職員の服務の宣誓条例と同様であったため、伯耆主事は「修正は不要」と判断しました。しかし、後日、「宣誓書」への押印を廃止するため、様式を改正するだけの改正を行うことになりました。

事例解説 条例で様式を定めるのは手間が多い

　自治体行政の現場では、住民票交付請求書や保育園入園申請書、建築確認申請書など、様々な様式が使われています。このような様式は、省令や条例施行規則に根拠があるものもあれば、要綱や内規で定められているものもあります。

　それでは、条例で様式を定められるのでしょうか。職員の服務の宣誓に関する条例には、宣誓書の様式を定めているのが通例であり、条例で様式を定めることは、特に問題はありません。

　しかし、事例で言えば、押印廃止という行政改革の流れを受けて、宣誓書から「㊞」を削るためだけに条例を改正しなければならなくなりました。いくら軽微なものとはいっても、議会に提案が必要で、改正手続も煩雑です。他自治体の条例を調べてみるなど、本当に条例で定めるべきものか、検討をしておくべきでした。伯耆主事は「規則へ委任するか、市長が別に定める」としておけばよかったと、大変後悔しています。

押印欄は必要か？

　様式に押印欄を設けるかどうかについては、注意を払う必要があります。デジタル時代を見据え、国で申請書等の押印が廃止されたことを受け、多くの自治体が追随しています。自治体において、押印廃止を決めた場合には、原則として押印欄を設けないよう原課に指示し、後から押印を廃止するためだけの改正をしないで済むようにするなど、最近の流れや方針に合っているか留意しましょう。

様式は規則や要綱で定めるべき

　宣誓書の様式を条例で定めているのは、様式を定めるだけの条例施行規則をつくるのは、「微妙だから」なのではないでしょうか。法律では、最高裁判所裁判官国民審査法や日本国憲法の改正手続に関する法律に投票用紙の様式が定められています。衆議院選挙の投票用紙は、公職選挙法施行規則という省令に定められているので、バランスがとれていません。

　条例で様式が定められていると、押印廃止などの行政改革に機敏に対応することができません。様式の「印」を廃止するだけでも、通常は庁議と例規審査委員会での審査、議員全員協議会での説明、議会での審議、議決後に公布など、改正手続が煩雑です。どうしても条例で定めなければならないという理由があるのであれば別ですが（そのようなものは、まずないはずです。）、様式は規則や要綱で定めるべきものです。

　法規担当は、「条例で定める事項」と「規則や要綱で定める事項」の振分け基準を原課に示し、「様式は規則か要綱で定める」という理解を庁内で共有しましょう。

ポイント

- ◉様式に押印欄を設けるかは慎重に検討をしよう！
- ◉様式は、規則や要綱で定めよう！

9 規則への再委任はできるの?

▶ 「条例で定める」の意味

失敗事例 例規審査会で「審査が甘い」と指摘された

　　介護保険課の係長から「事業所指定の権限移譲に伴い、介護保険条例を改正したい」と相談がありました。条例改正案は、介護保険法上「条例で定める」とされている事項について、条例から規則に再委任するものでした。伯耆主事は「問題ない」と考え、例規審査会に付議しましたが、総務部長から「審査が甘い」と指摘されてしまいました。

事例解説 規則への包括的な再委任はできない

　地方分権改革の推進により、これまで国の法律や政省令で決められていたことが、権限移譲され、自治体の条例で定められるようになりました。例えば、介護保険の指定居宅介護支援事業所の人員や運営に関する基準が挙げられます。しかし、法律が「条例で定める」と法形式を指定しているのに、条例から規則に包括的に再委任するのは違法です。

　この事例では、原課の係長が、指定居宅介護支援事業所の人員や運営に関する基準に関し、介護保険法上は「市町村の条例で定める」とされているにもかかわらず、介護保険条例には「基本方針」のみを定め、そのほかは「指定居宅介護支援事業等の事業に関し必要な事項は、規則で定める」と、規則へ包括的に再委任する条例改正案を起案していました。伯耆主事は、その規定をスルーしてしまったために問題になり、総務部長から「伯耆君の審査は甘い」と指摘を受けてしまったのです。

条例で定めるとされた事項を規則に再委任できるか？

　政令に委任された事項を省令に委任できるかという質問に対し、『新訂 ワークブック法制執務〔第2版〕』（ぎょうせい、2018年）54頁には、「法律が委任事項を規定すべき法形式を政令と規定している以上、（略）いわゆる再委任は、原則として許されない」と解説されています。

　これは、法律と政令との関係の話ですが、法律と条例でも同様のことが言えます。事例で言えば、介護保険法が法形式を条例と規定している以上、規則への再委任は原則として許されず、総務部長の指摘はもっともなことです。ただ「原則」とあるように、細目的事項は再委任が可能でしょうが、コアな部分はNGです。

原課は「なるべく条例を回避したい」と思っている

　法律が「条例で定める」と規定しているにもかかわらず、介護保険課ではどうして規則へ再委任する内容の条例案を起案したのでしょうか。おそらく、その根底には「条例は面倒くさい」という気持ちがあります。条例案となれば、議会審議が大変ですし、議会提案前に関係機関との協議や、庁議付議など、原課にとって事務負担がとても大きいのです。そこで、なるべく条例を簡単なものにしようと、条例には「基本方針」のみを定め、コアな部分まで包括的に規則へ再委任しようとしたのです。

　法規担当は、このような"違法"の疑いのある条例案を見落とさないよう、根拠法令を丁寧に確認し、条例を回避したい原課を励ましつつ、適切な助言をしなければなりません。

ポイント

◉法令で「条例で定める」とされた事項は規則に再委任できない。
◉条例を回避したい原課を励ましつつ、正しい方向に助言を！

10 「立法事実」を意識すれば、的確な助言ができる

▶ 条例の後に法律が制定された時の対応方法

失敗事例 残すべき条例を廃止してしまった

保元市では、空き家の適正管理条例をつくり、空き家問題に対応していました。その後、空家等対策の推進に関する特別措置法が制定されたため、担当課から「特措法があるから、条例は廃止してもよいよね？」と相談があり、伯耆主事は「はい」と回答し、その後条例は廃止されました。しかし、特措法では対応できない事案があることが分かり、困っています。

事例解説 立法事実を検討すれば防げたミス

国では、法令の立案をする際に、"立法事実"の有無を検討しています。**立法事実とは、法律や条例の必要性や内容の合理性を裏付ける事実をいいます**（『ケースで学ぶ立法事実』田中孝男、第一法規）。自治体でも、特措法の制定により、条例の立法事実は残っているのか、それともなくなってしまったのか、よく検討する必要があります。

全国的に空き家が急増する中、対応する法律がなかったため、自治体は空き家の適正管理に関する条例を制定し、空き家問題に対応してきました。そのような中、条例を踏まえた形で、2014年に空家等対策の推進に関する特別措置法が制定され、翌年に施行されました。

特措法の内容が条例と全く同一であれば、伯耆主事の回答は正しいのですが、道路に飛散した外壁材を敷地内に戻すなどの緊急安全措置の規定が条例にはあって、特措法にはなかったため、条例廃止により緊急安全措置を実施できなくなり、担当課では困ってしまったのです。

「立法事実」に着眼した審査を行う

　「立法事実」は政策法務の教科書で取り扱われているので、意識している自治体法規担当も少なくありません（最近流行の“エビデンス”とほぼ同義です。）。条例制定の際は、次の点に着眼して立法事実があるかどうかを審査します。

> ・この条例は本当に必要なのか（必要性の基準）
> ・条例の内容は合理的で妥当なものか（内容合理性の基準）
> ・憲法や法令に反していないか（非法令抵触性の基準）

　立法事実は、条例制定時に備わっているのはもちろん、施行されている間は備わっていなければなりません。

法律が制定されても条例の「立法事実」はなくならない？

　事例では、「特措法ができたから条例は不要、つまり立法事実がなくなった」と判断しています。しかし、そうとも限りません。次の図のように、特措法に規定のない“緊急安全措置”が必要ということであれば、その点で、条例にはまだ立法事実が備わっていると言えます。

◆空き家の適正管理条例の「立法事実」

【条例制定時】	【特措法制定後】
法律　　　：なし　　→ 立法事実 ○ 空き家問題：相談多数あり	法律　　　：あり 空き家問題：相談多数あり → 立法事実 ○ 緊急安全措置：必要

　反対に、“緊急安全措置”は必要なく、特措法で十分対応できるのであれば、もはや立法事実はなくなっているので、廃止するのが妥当です。

ポイント

◉立法事実を意識して、原課に的確な助言を！
◉条例廃止の相談では、本当に立法事実がなくなったか確認しよう。

11 決してムダではない！ 必ず読み合わせをしよう

▶例規・議案審査の正確性向上

失敗事例 コスパが悪いと確認を軽視してしまった

3月議会で議案の審査件数が多く、新規制定の条例も複数あったため、伯耆主事は、「これでは審査が間に合わない」と、念入りな確認をコスパが悪いと軽視し、省略しました。ところが、議会審議で「および」が平仮名になっている箇所など、ミスが発覚し、総務課長が議長から厳重注意を受けました。伯耆主事は、またも後悔することになりました。

事例解説 コスパは悪いどころかむしろ良い

3月議会は提出する議案も多く、審査をするのが本当に大変です。自治体の規模にもよるのでしょうが、当年度の補正予算、翌年度の当初予算、条例の制定改廃など、相当な数の議案を審査しなければならない年もあるでしょう。

伯耆主事は、審査件数が多いことを理由に念入りな確認を省略しましたが、そのため次のような簡単なミスを見落としてしまいました。

第1条　この条例は、都市計画法（昭和43年法律第100号）および都市計画法施行令（昭和44年政令第158号）の規程に基づき、開発行為の許可の基準に関し必要な事項を定めるものとする。

コスパが悪いと軽視せずに、しっかり「読み合わせ」をしていれば、「および」を「及び」に、「規程」を「規定」に修正しなければならないと、絶対に気付いたはずです。

読み合わせは正確性アップのため重要

　「読み合わせ」とは、条例案などの議案を、声に出して読み上げ、誤りがないか確認していく作業をいいます。すごく時間が掛かりますし、筆者も法規担当になった当初は、「コスパが悪いなぁ」と思っていました。しかし、読み合わせによってこそ、事例のような用字用語の簡単なミスは避けられます。また、「Ａ条では『〜の規定により』と書いているけれども、Ｂ条では『〜の規定に基づき』で、整合性が取れていない」など微妙な表現の違いに気付くことができます。

　国では、内閣提出の法律案及び政令案を内閣法制局で審査しますが、所管省庁における読み合わせに加え、法制局の担当参事官の面前で読み合わせが行われています。このことからも、正確性をアップする上で、読み合わせが重要であることが分かります。

「読み合わせ」テクニック──カイメル？

　「漢字で書くべき箇所が平仮名になっていないか」などをチェックしやすいように、読み合わせでは、次のように特殊な読み上げ方をします。

> 及び…キュウビ　並びに…ヘイビニ　又は…サハ
> 若しくは…ジャクシクハ　規定…キサダ　　規程…キホド
> 改める…カイメル　加える…カエル　削る…サクル　除く…ジョク
> 同じ…ドウジ　含む…ガンム　読み替える…ドクミタイエル　etc.

　何だか呪文のようで、不思議な感じがしますが、「キホド」と読み上げていれば、事例のミスは防ぐことができたのです。

ポイント

◉国でも読み合わせは行われています！　必ず読み合わせをしよう!!
◉読み合わせを「コスパが悪い」と軽視することなかれ！

12 議決漏れに御用心！

▶ 議決事件の把握

失敗事例 関係部署との連携不足

> 　消防車の購入事務を担当する防災対策課から、「予定価格は2,200万円だったけれども、購入価格が1,800万円で2,000万円未満だから議決は要らないよね？」と相談があり、伯耆主事は不要と回答しました。ところが契約課から「なぜ議会に提案していないのか？」と問合せがあり、本当は購入価格ではなく予定価格が2,000万円以上のときに議決が必要であったと分かりました。

事例解説 関係部署と連携すれば防げたミス

　地方自治法96条１項は、議会の議決に付すべき事項（＝議決事件）を定めています。同項８号の「その種類及び金額について政令で定める基準に従い条例で定める財産の取得又は処分をすること」に基づき、保元市では、条例で次のように定めています。

> 第３条　地方自治法第96条第１項第８号の規定により議会の議決に付さなければならない財産の取得又は処分は、予定価格2,000万円以上の不動産若しくは動産の買入れ若しくは売払（略）又は不動産の信託の受益権の買入れ若しくは売払とする。

　この事例では、予定価格が2,200万円でした。伯耆主事は「予定価格2,000万円以上」の"予定価格"を見落とし、購入価格が2,000万円未満だから、「議決は要らない」と思ってしまいました。よく条例の規定を確認する、あるいは契約担当課に照会するなど連携していれば、議決が必要なことに気付けたのではないでしょうか。

意外と多い「議決漏れ」

　自治体では、議会と長の「二元代表制」がとられ、予算や条例制定など自治体の最終的な意思決定は、議会の議決よって行われています。地方自治法96条１項などに議決事件が決められていますが、議会に提案するのを忘れ、長が謝罪しているニュースが散見されます。救急自動車やパソコン機器など財産の購入に関係する事例が多いです。

　それから、道路法や土地改良法など地方自治法以外の法律にも議決事件が定められています。また、最近では地方自治法96条２項に基づき、条例で議決事件が追加されているケース（「任意的議決事件」といいます。）がありますので、注意が必要です。

"追認" は恥ずかしい

　事例で言えば、予定価格が2,200万円の消防車購入には議決が必要です。議決を受けずに契約した場合、その契約は"無効"なものになります。そこで、この"無効"な状態を解消するため、後日議会に提案し、議決を受け、"有効"な状態にするのですが、その議案名は「財産の取得について（追認）」とするのが通例です。「議決を怠っていました」というのが一目瞭然で、とても恥ずかしいことです。それだけでなく、「議会軽視だ！」と議会からお叱りを受けることになるでしょう。

　地方自治法96条をはじめ、個別法に定められている議決事件をよく把握するとともに、財政担当課や契約担当課など関係部署と日頃から密に情報を共有するなど十分連携し、「議決漏れ」がないようにしましょう。

■ ポイント

◉関係部署と連携し、「議決漏れ」をなくそう！

◉地方自治法以外の個別法に定められた議決事件にも、十分注意を!!

議会と長の関係

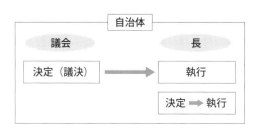

【解説】

　自治体の意思決定は議会の議決により行われ、長は議決により決定された内容を執行します。しかし、議決を必要としないもの（例：行政計画の策定、関係機関との防災協定など）は、長が自治体の意思決定をし、その執行も担当します。

契約の流れ

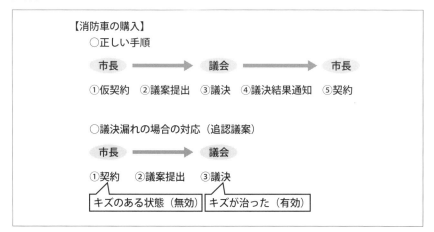

議会の予算は誰が執行するの？

事務の委任・補助執行の対象外

　地方自治法180条の２の規定に基づいて、自治体の長の事務を委任したり、補助執行させたりできるのは、教育委員会など自治法上"執行機関"と呼ばれるものです。議会は、議事機関であって執行機関ではないため、180条の２の対象外となります。

　予算執行権は、長に専属しています。議会に関する予算であったとしても、委任・補助執行ができない以上、執行するのは長です。

議会事務局職員を首長部局職員に併任する

　自治体の長が予算を執行するといっても、やはり議会に関するものは議会事務局職員が事務処理した方がスムーズです。そこで、遠回りしているように感じるかもしれませんが、議会事務局職員を首長部局職員に併任し、首長部局職員の立場で議会に関する予算を執行させるのが、現実的な対応と言えます。

　そして、細かい実務上の話ですが、請求書などの予算執行に関わる書類に押す"受付印"は、「○○市議会」ではなく「○○市役所」です。また、請求書の宛先も「○○議会」や「○○議会議長」ではなく、「○○市長」で提出してもらうのが正しい取扱いです。

13 様々な視点から審査する

▶ 予算を伴う条例案の提案時期

失敗事例 自治法222条の失念で予算組替えが発生

保元市では、小学生までが対象であった医療費助成の現物給付を、1月から中学生まで拡大することにしました。こども課から条例改正の相談を受けた際、伯耆主事は予算の確保のため財政課と協議するよう助言するのを失念しました。そのため、12月議会開会の直前に補正予算の組替えや議案資料の修正を余儀なくされてしまいました。

事例解説 財政的視点からの審査も必要

条例案が新たに予算を伴いそうなものであるときは、必要な予算措置が適確に講じられる見込みがあるまで議会に提出してはならないとされています（地方自治法222条1項）。予算措置が適確に講じられる見込みとは、関係予算案が議会に提出されたことです。少なくとも、条例案の提案と同時に関係予算案を提案する必要があります（『新版逐条地方自治法〔第9次改訂版〕』松本英昭、学陽書房）。

この事例では、現物給付拡大により、歳出の増額が見込まれていました。したがって、歳出予算の増額のために12月議会に条例の一部改正案と補正予算案を提出しなければなりません。しかし、伯耆主事は222条1項の存在を失念し、こども課に的確な助言ができませんでした。その結果、議会開会直前に財政課から「聞いていない」と指摘が入り、慌てて補正予算の組替えや議案資料の修正をすることになりました。

財政的視点からも審査・助言する

　筆者は法規担当になった当初、原課は議案提出に際して関係部署と必要な調整を済ませていると思っていました。しかし、実際には市長決裁の直前でギリギリ調整を済ませたり、そもそも財政課に予算措置の相談をしていなかったりするケースも結構ありました。

　法規担当も、予算措置の見込みがあるかどうかをあまり意識していないのではないでしょうか。「うっかり失念した」ということがないよう、「審査チェック事項」リストをつくるのが有効です。例えば、川崎市では「条例審査上のチェック事項」の「3　財政的視点」で自治法222条や財政課と調整しているかをチェック項目にしています。こういうものがあれば、財政的視点から原課に的確な助言ができ、予算確保の見込みのないまま、条例案を提出するという自治法違反の状態を回避できます。

補助金交付要綱も制定できない

　自治法222条1項は条例の議案提出の話でしたが、同条2項により、規則その他の規程の制定（改正）の場合でも同様とされています。例えば、新型コロナ感染症関連の補助金を交付するため、補助金交付要綱をつくりたい場合に、予算措置（＝予算案の提出、予算流用又は予備費充用）がなければ、制定することはできません。

　行政運営を滞りなく進めるため、予算措置は重要です。自治法222条は、審査の着眼点として、失念することのないようにしましょう。

ポイント

●予算を伴う条例案は、予算措置がされているか必ず確認を！
●少なくとも条例案の提案と同時に関係予算案を出せばセーフ！

14 議会提案のタイミングに 余裕を持つ

▶ 時宜を得た議会対応のコツ

失敗事例 あれっ！ 周知期間がない？

保元市では、太陽光発電の規制に関する条例を制定しました。当初、12月議会に提案し、翌年の4月1日施行を目指していましたが、伯耆主事の見込みが甘く、罰則の検察協議に時間が掛かりました。そのため、3月議会での提案になったものの、当初の予定どおり4月1日施行としたため、事業者から「周知期間が短すぎる」と苦情が入りました。

事例解説 条例づくりの標準的な流れを示しておく

保元市では、メガソーラー設置の計画が持ち上がり、近隣住民が反対運動を起こしました。反対運動や太陽光発電が環境や景観に及ぼす影響を踏まえ、保元市では市長の許可を受けずに太陽光発電設備を設置した場合に、罰則（1年以下の懲役又は50万円以下の罰金）を科す条例を制定することにしました。罰則を設けるときには、慣例的に検察協議をしていて、今回も検察協議をしました。原課では検察協議をすることを把握しておらず、更にこの協議に掛かる時間について伯耆主事の目算も甘かったため、条例案の議会提案のタイミングが予定よりも1回後になってしまったのです。4月1日施行は既定路線であったため、気付いたら「周知期間がほとんどない」という状況でした。

特別な許可などが必要な場合を除き、基本的に規制がなかったところに、条例が周知期間もほとんどなく、制定されたのです。事業者としては「もっと早く知らせてほしかった」と思うのは、もっともなことです。

議会提案のタイミングを見定めたスケジューリング

　自治体は、様々な課題に対処しています。時には、ある行為を規制するため、条例を制定することもありますが、原課では条例づくりは非日常なことです。そのため、原課の職員は、条例制定に必要な手続を把握していない場合がほとんどです。事例では、慣例として実施される検察協議を把握していませんでしたが、係長クラスでも庁議や例規審査委員会にどうやって付議するのか、経験がないので分からないという人がいます。

　新たに何かを規制することは条例の施行日を境に「昨日まで自由にできたことが、今日からは条例の手続を踏まないと違法になる」ということです。さらに、違反に対し罰則を用意しているのであれば、十分な周知期間を設け、住民や事業者が不利益を被らないよう、広報誌やホームページ、記者発表などを通じ、十分な周知活動を行う必要があります。

　したがって、施行日から逆算し、議会提案のタイミングを含め、綿密なスケジュールを立てなければなりません。

原課にスケジュールのひな型を示す

　原課から法規担当への条例制定の相談が遅く、スケジュールが厳しくなることがあります。そこで、法規担当としては、あらかじめ、原課に標準的な条例施行までのスケジュールのひな型を示しておくべきでしょう（次頁参考資料参照）。そうすることで、原課が早めに相談に来ることが期待でき、議会提案のタイミングを失したり、周知期間が足りないという事態は減るのではないでしょうか。

ポイント

◉あらかじめ条例制定スケジュールのひな型を示しておこう！
◉規制を伴う条例は、周知期間を確保できるスケジューリングを！

条例制定スケジュールのひな型（一例）

○条例の検討～議会上程～施行までの流れ

【規制や罰則を伴う条例を想定】

2021年4月

検討期間

・情報収集（法令の有無、他市町村の状況）
・関係者、関係団体との事前協議
・庁内関連部署との協議（予算や人員の確保）
・法規担当の下審査
・検察協議
・パブリックコメント

2021年6月

2021年7月　　例規審査委員会
　　　　　　　庁議

2021年8月　　議案の市長決裁

2021年9月　　議会上程
　　　　　　　議決
　　　　　　　公布

周知期間

・広報誌、ホームページによる周知
・記者発表
・関係者へ個別の説明

2022年4月　　条例施行

【解説】

　条例の内容によっては、もっと検討期間が必要な場合があります。また、周知期間は少なくとも3か月は設けるべきです。

　施行日から逆算し、提案する議会をいつにするか決めるわけですが、トラブルが発生することも念頭に置き、ゆとりを持つとよいでしょう。

周知期間の確保に関する条例

　名古屋市には「使用料の増額等に係る市民への周知期間の確保に関する条例」があります。2010年に議員提案でつくられたものですが、第2条で「市長は、市民生活に重大な不利益を及ぼす使用料の増額等の改定に係る条例等を提案しようとするときは、条例等の施行まで、個々の施策に応じて必要な周知期間を置かなければならない」としています。

　この条例は使用料の増額等に関するものですが、規制を伴う条例も市民生活に多かれ少なかれ影響を与える点は共通していますので、この条例の趣旨は大変参考になります。すぐに条例化することは難しいでしょうが、条例の周知期間の確保に関する指針を定め、原課に示しておけば、少なくとも「あれっ！　周知期間は⁉」という状況は避けられるのではないでしょうか。

罰則を設けるときは検察協議を行う

　法的義務ではないのですが、罰則を伴う条例の制定に当たって、地方検察庁に協議する慣例を「検察協議」と呼びます。罰則の構成要件が明確でなく検察官が公訴を提起できないような事態を回避するため、協議が行われています（『概説 地方自治法概説〔第9版〕』宇賀克也、有斐閣）。

　筆者は、一度だけ検察協議をしたことがあります。行政不服審査法に基づき行政不服審査会条例をつくった時のことです。大変緊張しながら検察官に説明したのを今でも覚えています。この条例は、行政不服審査法の罰則規定をベースに起案したもので、検察協議にあまり時間は掛かりませんでしたが、後学のために協議に掛かる期間を伺ったところ、「通常だと3か月程度」ということでした。

15 条例審査はフィナーレまで確実に!

▶ 条例公布文の署名

失敗事例 市長がつかまらない

祝日の関係で休会が多く、9月議会の最終日は26日でした。9月議会の議案には、10月1日施行の条例があり、伯耆主事は早急に市長の署名をもらおうとしました。ところが、市長は出張や会議など多忙で、なかなか予定を押さえられません。このままでは、施行日に間に合わないと焦りましたが、秘書課の協力を得て、やっと9月30日に署名をもらえました。

事例解説 公布まで進行管理をきちんと行う

長の署名など条例の公布に必要な事項は、条例で定めなければならないとされ（地方自治法16条4項）、保元市では、公告式条例で次のように定めています。

（条例の公布）
第2条　条例を公布しようとするときは、公布の旨の前文及び年月日を記入してその末尾に市長が署名しなければならない。
2　条例の公布は、別表の掲示場に掲示してこれを行う。

公告式条例の規定に基づき、条例を公布するときは、公布文原本に市長が署名する必要があります。議会閉会日から施行予定日までの間が短い場合には、市長の署名をもらう日時をあらかじめ予約しておくと、この事例のように「市長がつかまらない…」と焦らずに済みます。

伯耆主事は、この失敗を通して、改めてスケジュールを立てることの大切さが分かりました。

いよいよフィナーレ…でも気を抜かない！

　筆者が法規担当になり、先輩から「公布文原本に市長が署名する」と聞いたとき、「いちいち署名するなんて、何だか古臭いな」と感じました。

　しかし、公布文原本への署名は、公告式条例で決められているわけです。「有効に議決された条例でも適式に公布されなければ効力を生じないと解すべき」（東京地判昭和43年3月28日判時516号3頁）と判示されていますが、長が公布文原本に署名しないまま、条例を公布したとしても効力は生じません。「古臭い」「デジタル時代にそぐわない」と感じても、公告式条例の規定にのっとって、手続を進めなければなりません。

　当たり前と思う人もいるかもしれませんが、意外と署名ひとつで失敗するケースは多いものです。あらかじめ長の予定を押さえておき、施行日に間に合わないなどフィナーレで失敗をしないよう注意しましょう。

規則の公布は、署名？　記名押印？

　長の定める規則の公布は、条例の公布手続を準用することとされているので（地方自治法16条5項）、長が署名している自治体が多いですが、条例で"記名押印"に変更することができます（同項ただし書）。例えば那須塩原市では、行政改革や円滑な公布の実施のため、2018年に公告式条例を改正し、規則の公布は市長名を記名押印としています。

　規則の公布はほとんど毎月あるので、「署名がもらえない」と焦らなくて済むよう、記名押印に変更することも、提案してみてはいかがでしょうか。

■ ポイント

- ●長の署名がなければ条例の効力は生じない！
- ●規則の公布は、長の記名押印に変更可能！

自学のススメ

1日30分は自学に励む

　法務能力を磨く上でOJTが重要ですが、それだけでは必要な知識を習得することは難しいです。そのため、「自学」が必要であり、どんなに忙しくても1日30分は勉強することをお勧めします。家事や育児、趣味に忙しいかもしれませんが、せっかく法規担当になったのです!　家事や育児が終わってから30分、行政法の教科書や、地方自治関連の雑誌などを読み、「自学」を実践してみてはいかがでしょうか。

昼休みを活用する

　昼休みをどのように過ごしていますか?　昼食等の時間を除くと、30〜40分は自由に使える時間になります。スマートフォンでゲームやネットサーフィンをして過ごすのか、昼寝をするのか、それとも「自学」に励むのか…。もちろん、午後の仕事に備えてゲームで気分転換したり、少しの昼寝も大切です。しかし、30〜40分の間、ずっとゲームや昼寝をしていては、実にもったいない!!　昼休み時間を有効に活用し、20分を「自学」に充て、地方行政に関する雑誌を読むなど、法務能力の向上に努めてみませんか。

自治体法務検定や行政書士試験を活用する

　何を勉強すればよいか分からない場合は、自治体法務検定や行政書士試験の受験を目指し、「自学」に励んではいかがでしょうか。どちらも、憲法や行政法、地方自治法など、例規審査や法令相談の際に頻繁に参照する法令が試験科目になっています。行政書士試験に合格した法規担当であれば、原課もより信頼感を持って相談できることでしょう。

第2章

法令相談対応の
ポイント

1 頼りにされる法規担当になる

▶ 法令相談のキホン

失敗事例 原課から煙たく思われる

> 伯耆主事も法規担当2年目になり、頼りにされる法規担当を目指し、法令相談に奮闘しています。法務研修や、OJTなどで得た知識、特に行政実例集を駆使して相談に当たっていますが、「杓子定規だ」「すぐに"こういう行政実例がある"と、こちらの言い分を聞こうとしないから相談しづらい」など原課からの評判が悪く、空回りしています。

事例解説 原課に考えを押し付けたための失敗

　法規担当は、日常的に原課から法令相談を受けます。地方自治法をはじめ、地方公務員法、民法、行政手続法、情報公開条例など様々な法令の解釈について尋ねられます。通常相談があったときは、逐条解説書や行政実例集を駆使して回答を考えますが、それだけでは杓子定規でキケンです。法規担当には、「伝統的に、国の解釈や行政実例などに固執する保守的・形式的・画一的審査をする傾向にあるために、これを経ると、『政策がつぶされる』可能性もある」（『自治体環境行政法〔第8版〕』北村喜宣、第一法規）と原課から敬遠されているという指摘があります。

　この事例では、伯耆主事も御多分に漏れず、国の解釈や行政実例に固執し、「○○という行政実例があるので、それをやるのは違法です」など、原課の考えを否定することが多く、「あいつに相談しても、"それはできない"ばかりだからなぁ」と、頼りにされるどころか、いつしか原課にとって煙たい存在になってしまったのです。

自分たちで解釈をする

　法令相談があったときに逐条解説書や行政実例集を駆使し、回答を考えるのはごく一般的です。筆者も普段はそのようにしています。しかし、行政実例は、所管省庁の法令解釈であり、自治体を拘束するものではなく、絶対的なものでもありません。例えば、在ブラジル被爆者健康管理手当等請求事件では、厚生省通達が違法と認定されています。

　行政実例は全国画一に示されたものですので、「地域の実情」を踏まえたものではありません。また、何十年以上も前の行政実例もあり、現在では妥当ではないものも少なからず存在します。中には、明治の行政実例が搭載されている実例集もあり、筆者も初めは驚きました。

　行政実例を全否定するつもりはありません。しかし、それは絶対ではなく、「地域の実情」を踏まえていないことを念頭に置き、「う〜ん、どうもこの実例はおかしいな」と思うときは、自分たちで法令を解釈することが求められます。「おかしい」と感じる行政実例に固執し施策を潰すのではなく、どうすれば法的問題をクリアして施策を実施できるのかを考える。それが、頼りにされる法規担当であり、法令相談のキホンです。

押し付けるのではなく、共に考える

　原課に「法律にこう書いてある」「こういう行政実例があるから、貴課の認識は間違っている」と否定したり、考えを押し付けたりするのは禁物です。それでは、原課と信頼関係を築けないからです。法的問題をクリアし、住民の福祉を増進させる方法を原課と共に考えることが法規担当の重要な役割です。

ポイント

◉行政実例に過度に頼るのはキケンです！　自分たちで解釈を‼
◉法的問題をクリアできるのか、原課と共に法令解釈をしよう！

2 不用意な回答に要注意

▶ 法令相談の心構え

失敗事例 「法規担当に言われたから」が独り歩き

> 税務課の係長から、引用法令の改正により条ズレが生じた条例について「すぐに改正しないとダメなの？」と問合せがあり、伯耆主事は「条ずれ程度であれば、何かのタイミングで直してください」と回答しました。税務課では課長が「すぐ改正すべきではないか」と考えていましたが、係長は「法規担当が言っているのだから大丈夫」と改正を見送りました。

事例解説 法令相談への回答は慎重に行う

　庁議や例規審査委員会では、例規の制定改廃の案件を提出している原課が、庁議メンバーなどから様々な質問を受けます。この質問への回答に困ったとき、原課の担当者は「法規担当にそう言われた」「法規担当と相談し、これで問題はないと言われている」と発言することがあります。すると多くの場合、庁議メンバーも「法規担当がそう言っているのだから、大丈夫だろう」と納得してしまうのです。

　原課は、法規担当の"お墨付き"を求めています。法令解釈の"専門家"と目される法規担当の言葉には重みがあります。そのため、しばしば「法規担当がこう言っていた」という言葉が独り歩きすることがあります。事例で言えば、条ずれはなるべく早く改正すべきなのですが、伯耆主事は不用意に「何かのタイミングで直してください」と答えてしまい、なるべくなら面倒な条例改正をしたくない係長に良からぬ"お墨付き"を与えてしまったのです。

不用意な回答はしない

　「法規担当にこう言われた」という情報は、独り歩きしがちです。例規改正や法令解釈に慣れていない原課は、何とか自分たちに都合の良い回答を引き出せないかと期待して、法規担当の所に相談にやってきます。

　そのため、よく調べもせずに不用意な回答をすると、この事例のように誤った内容でも、「法規担当に言われた」と"お墨付き"を与えることになってしまいます。結果として、法規担当の信頼が揺らぎますので、不用意な回答をしないようにしましょう。

法令相談の心構え「縁の下の力持ち」

　それでは、どのような心構えで法令相談に臨むべきなのでしょうか。

　まず、法規担当は役所の「縁の下の力持ち」ということを自覚し、その発言が独り歩きしやすいことをよく自覚しましょう。そのため、相談を受けたときに即答することは避けるべきです。原課はすぐに答えが欲しいでしょうが、一度引き取って、逐条解説書などで調べたり、上司に相談した上で、個人ではなく組織として、正しい見解を示すべきです。

　次に、原課には何が分からないのか、疑問点を明確にしてもらいましょう。疑問点が明確でないと、正しい答えを導き出すことができません。

　それから、法規担当が示す法令解釈は、あくまでも参考意見であって、住民から苦情があっても、責任は原課が取るということを伝えましょう。「法規担当が言っているから、間違いない」では住民は納得しませんので、原課が住民に根拠をもってきちんと説明できるよう、サポートをしましょう。

ポイント

◉簡単に"お墨付き"を与えない！
◉縁の下の力持ちとして、即答せず、正しい見解を示そう！

3 日頃から研さん・情報収集に努めよう

▶ スピーディーな法令相談対応

失敗事例 保留にしていた法令相談の回答をうっかり失念

伯耆主事は水道課から「違反者に過料を科したいけど、どうすればよいの？」と相談を受けました。過料手続の法的根拠について不明なところがあったので、「確認して、回答します」と伝えました。その後、各課から例規改正などの相談が相次ぎ、うっかり水道課から質問があったことを忘れ、数週間後、「この前の質問の答え、まだですか？」と催促されてしまいました。

事例解説 様々な分野の法令相談を受ける

　自治体は、税、福祉、上下水道、環境、教育、選挙など多種多様な仕事をしています。そのため、法令相談も様々な分野に及びます。地方自治法や行政手続法などオーソドックスな相談が中心ですが、住民台帳基本法や介護保険法など個別法の解釈について相談を受けることがあります。筆者もいろいろな相談を受けたことがありますが、自治体職員がめったに出合わない「破産法」の解釈を質問されたときは、面喰いました。

　この事例では、水道課からの相談後、伯耆主事はすぐに回答に向けた検討をすればよかったのですが、過料を科す場合の手続がどこに規定されていたか、すぐに見つけられずモヤモヤしているうちに、立て続けに各課から相談があり、うっかり回答を失念しました。

アタリを付けられるようにする

　相談を抱え込んで、原課への回答を失念しないためには、どうすればよいのでしょうか。例えば、地方自治法の条文を全て覚えるのは難しいですが、「だいたいこの辺りにはこういった規定がある」あるいは「あの本のあの辺りを見れば、ヒントが書かれているはず」など、"アタリ"を付けられることが重要です。

　この事例で言えば、「過料の手続については地方自治法の14条、228条、255条の３のどこかに規定されていたな」と思い起こせれば、グッドです。

日々の研さんや情報収集がスピードアップの近道

　それでは、アタリを付けられるようにするためには、どうすればよいのでしょうか。何といっても、日々の研さんや情報収集が、一番の近道です。行政法や地方自治法の教科書は数多く出版されています。自分に合うものをそれぞれ１冊見つけて、熟読することをお勧めします。１冊を熟読することで、アタリを付けやすくなります。

　また、コンサルタントがリリースしている逐条解説や行政実例の検索サービスも便利です。以前は、分厚い加除式実例集の目次と睨めっこしながら、参考になりそうな行政実例を探していました。しかし、現在は「電子書棚」（ぎょうせい）、「コンシェルジュデスク」（第一法規）などの検索サービスで、行政実例を用語検索できます。伯耆主事もこうした検索サービスで「過料」と検索していれば、地方自治法255条の３にたどり着き、水道課の相談にスピーディに対応できていたはずです。

> ### ポイント
> ◉どこを見ればヒントがあるかアタリを付けられるようにしよう！
> ◉日々の研さん・情報収集を地道に続けよう！

研さん・情報収集に役立つ雑誌

　法規担当として、地方自治に関する雑誌を読んで、引き出しを増やしておくことは重要です。基本的な法務能力を身に付けるとともに、国や全国の自治体の動向をしっかり把握している法規担当には、原課も安心して相談することができます。気になる記事をスクラップしておくといいです。雑誌購読や検索サービス利用のための予算確保もお忘れなく！

〈必ず読むべきもの（基本的な内容）〉

○自治日報（自治日報社、毎週金曜日発行）
　⇒国の動きをタイムリーに把握するのに役立ちます。
○地方行政（時事通信社、毎週月・木曜日発行）
　⇒「行政 EXPRESS」で他自治体の先進的取組を把握できます。
○月刊ガバナンス（ぎょうせい、毎月発行）
　⇒様々な連載があり、地方自治を多角的に勉強できます。
○自治実務セミナー（第一法規、毎月発行）
　⇒「実務と理論」や「自治体実務サポート」が参考になります。
○月刊地方自治（ぎょうせい、毎月発行）
　⇒地方自治に関する質の高い論文が読めます。
○月刊判例地方自治（ぎょうせい、毎月発行）
　⇒敗訴事例（＝失敗例）を学ぶことで、改善方法を検討できます。

〈できれば読みたいもの（応用的な内容）〉

○自治研究（第一法規、毎月発行）
○季刊行政管理研究（（一社）行政管理研究センター、年4回発行）
○季刊情報公開・個人情報保護（（一社）行政管理研究センター、年4回発行）
○自治総研（（公財）地方自治総合研究所、毎月発行）

研さん・情報収集に役立つサイト

　インターネットで手軽に情報収集できるサイトを活用するのも有効な方法です。

○一般社団法人地方自治研究機構ホームページ
（http://www.rilg.or.jp/htdocs/index.html）
　⇒法制執務支援の中に「○条例解説」で、最近注目されている条例や制定件数が増えている条例など、分野ごとに解説があります。また、「○全国自治体例規集・条例検索」では、全国の自治体のホームページで公開されている例規集をキーワードで横断的に検索することができます。
○ CiNii（サイニイ）（https://ci.nii.ac.jp/）
　⇒国立情報学研究所が運営する日本の論文の検索サイト。「論文検索」「著者検索」「全文検索」で、論文を探せます。法令相談で解釈に迷い、もう少し調べたいときに活用してはいかがでしょうか。

法令改正情報をキャッチする

　原課からの相談を受けて、いろいろと調べて回答するのが、一般的な法令相談です。しかし、例えば窓口を持っている原課は忙しく、法令改正情報をキャッチしていないこともあります。福祉分野では、３月下旬に省令が改正され、４月１日施行で条例を改正しないといけないことがよくありますが、原課が把握していないケースがあります。

　そこで、法規担当が原課からの相談を待たずに情報提供をするプッシュ型の働き掛けも必要です。省庁ホームページやパブリックコメントで政省令改正の情報収集をしたり、コンサルタントがメール等で配信してくれる「法令改正情報」などを活用し、頼りにされるプッシュ型の法規担当を目指しましょう。

4 法的根拠がないけれども、どうすればよい？

▶ **政策法務の実践サポート**

失敗事例 「法的根拠がない」に納得しない住民

　住民から環境課に隣地の空き地の木の枝がはみ出ているので、持ち主に伐採を指導してほしいという相談がありました。環境課では「行政が介入してよいという法的根拠がないのでできない」と説明しましたが、住民は納得できず法規担当に問合せをしました。伯耆主事が同様の説明をしても、住民は「困っているのに助けてくれない」と納得してくれません。

事例解説 法的根拠はつくれるもの

　この事例で、環境課では「法的根拠がないので、持ち主に指導はできない」と説明しました。この説明は、決して間違っているわけではありません。しかし、自治体には条例制定権があり、手続を踏めば条例をつくることができます。条例をつくれば、持ち主に指導ができます。伯耆主事は環境課に「条例をつくりませんか」と助言することもできたのです。

　市町村の役所は住民に身近な存在であり、住民から様々な相談が寄せられます。この事例のように近隣トラブルの相談もあります。

　事例で問題になっている「空き地」について、バブル時代に投機目的で宅地開発がされ、現在は適切な管理がされていない土地が全国に所在しています。管理不全な空き地は、木の越境にとどまらず、雑草の繁茂や害虫の発生、ごみの投棄、景観の悪化など様々な問題を引き起こします。管理不全な空き地が放置されると、住民の良好な生活環境が損なわれる可能性があります。

政策法務とは"課題解決"の手段

　政策法務の定義は識者により異なりますが、「法を政策実現の手段としてとらえ、そのためにどのような立法や法執行・評価が求められるのかを検討しようとする（略）実務および理論における取組および運動」（波線は筆者）と言われています（『政策法務入門』山口道昭、信山社）。政策法務は、「立法法務（自主条例制定）」「執行法務（法令執行・解釈、審査基準・処分基準策定）」「評価・争訟法務（審査請求・訴訟対応）」に分類されます。

分権時代のマインドを養おう

　2000年の地方分権改革以降、自治体が自己責任・自己決定で政策を推進していくことが求められ、条例制定権を活用して様々な公共問題に対処している事例が散見されます。2014年に空家対策特措法ができるまでは、多くの自治体が空き家の適正管理に関する条例を制定し、対応していました。まさに、政策法務の「立法法務」の実践です。

　自治体には条例制定権がありますので、「法的根拠がないので対応できない」は、常に正解とは限りません（国があえて「放置する趣旨」で法律により規制していない場合を除きます（徳島市公安条例事件判決最判昭和50年9月10日刑集29巻8号489頁））。分権時代の自治体職員、とりわけ法規担当は、次のように考えたいものです。法規担当は、原課の政策法務の実践をサポートしましょう。

> ×　法律がないからできない
> ○　法律がないなら条例をつくろう！

ポイント

● 「法的根拠がない」は常に正解とは限らない。
● 「法律がないなら条例をつくろう！」というマインドで！

5 なぜ選管の備品を買うのに 市長名で契約するの？

▶ 行政委員会の予算執行

失敗事例 自治法149条の理解不足で契約書の誤解

> 4月に選挙管理委員会に配属された書記から、「選挙機器を購入するのに、なぜ契約書の名義は選挙管理委員会ではなく市長なの？」と質問がありました。伯耆主事は「確かに変ですね」と思い、契約課に「契約書が間違っているのでは？」と伝えたところ、契約課から「間違っていないです。自治法149条2号をよく確認してください」と言われてしまいました。

事例解説 選挙管理委員会は契約ができない

　この事例でも22頁で出てきた地方自治法149条の長の担任事務についての理解不足から、伯耆主事はまたもや失敗をしてしまいました。

　予算執行権は長に専属し、行政委員・行政委員会については、予算を執行する権限を持っていません。予算執行権の中には、支出負担行為が含まれています。支出負担行為とは、自治体の支出の原因となる契約その他の行為をいいます（地方自治法232条の3）。したがって、契約を締結する権限も長に専属し、選挙管理委員会にはないので、契約書の名義は市長で問題はなかったのです。

　伯耆主事が自治法149条2号をよく理解していれば、「選挙機器を購入するのに、なぜ契約書の名義は市長なの？」と聞かれても、「それは、地方自治法149条2号や、180条の6により…」と的確な回答ができ、契約課から「よく確認してください」と言われずに済んだことでしょう。

行政委員会は契約締結権を持っていない

　第1章でも説明しましたが、契約締結権を含め予算執行権は長に専属し、行政委員会はそれがないことが明文で示されています（地方自治法149条2号、180条の6）。しかし、現実には自治法180条の2に基づき、行政委員会の事務局職員が事務手続を補助執行しているので、誤解してしまう人もいるのでしょう。

選挙管理員会に係る予算の執行

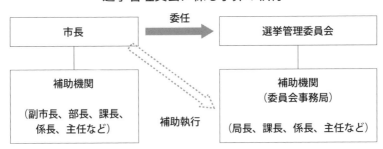

※補助執行の場合、権限は長に残るため、選挙管理委員会の決裁規程でなく、
　長が定める決裁規程に基づき、事務を行う。

根拠条文に当たる

　法規担当は、実務や運用の状況に惑わされずに、正しい理解をして、正しく回答しなければなりません。そのためには、面倒であっても根拠条文に当たる必要があります。

　法令相談は自分自身のスキルアップを可能にする、格好のOJTの機会です。原課の素朴な疑問を大切にして、自身の理解を深めていきましょう。

ポイント

◉行政委員会には、契約締結権はない。
◉実務や運用に惑わされないよう根拠条文に当たるようにしよう！

6 補助金交付の先着順は問題ない

▶ 法の一般原則①

失敗事例「"平等原則" を知ってるの？」と住民から指摘

保元市の環境課では、予算に限りがあったため、住宅用蓄電池システム設置補助金を先着順で交付することにしました。補助金を受けられなかった住民が窓口で激高していたため、伯耆主事も一緒に話を聞くことになりました。住民から「先着順では、不平等ではないか。"平等原則" 違反だ！」と怒鳴られましたが、伯耆主事はうまく切り返すことができません。

事例解説 先着順にしても平等原則違反ではない

自治体では、様々な政策目標を達成するため、ひとつの手段として補助金を交付しています。補助金は、法律や条例の根拠がなくても、公益上必要がある場合には交付できるため（地方自治法232条の2）、各分野で活用されています。

保元市では、1世帯について10万円を上限にして、住宅用蓄電池システム設置補助金を交付することにしました。通常、補助金交付要綱には、「予算の範囲内で交付する」とうたわれていますが、2021年度の当該補助金の予算額は200万円と限られていたため、先着順としました。

申請書の準備に手間取り申請が遅れ、不交付となった上記の住民は、インターネットで「平等原則」を知り、先着順は平等原則違反だと訴えました。今回のケースは平等原則違反とは言えませんが、伯耆主事はよく理解していなかったため、うまく対応することができませんでした。

平等原則とは

　行政が合理的な理由がなく、住民を不平等に取り扱ってはならない原則を「平等原則」といいます。憲法14条により基礎付けられますが、行政分野でなく一般的に妥当するものですので、「法の一般原則」と位置付けられています（『行政法概説Ⅰ〔第7版〕』宇賀克也、有斐閣）。

　法律や条例を執行する際、また条例の立案に際しても、平等原則に違反しないよう留意する必要があります。

補助金の先着順は平等原則に反するのか？

　補助金の交付を先着順とすることは、平等原則に反するのでしょうか。「平等原則」は、合理的な理由がなく、不平等に取り扱うことを禁止するものです。したがって、"合理的な理由"がある場合、住民を不平等に取り扱ったとしても、平等原則に反しないということになります。

　極端な例ですが、「申請者のAさんは、知り合いだから交付しよう。申請者のBは、昔クレームを言われたことがあるから不交付にしよう」など、合理的な理由がない場合は平等原則に反しますが、この事例のように、予算に限りがある場合に、先着順や抽選制にしても基本的には平等原則には反しません。また、特定の者を対象とする補助金の場合でも、公益性が高いときは合理的な理由があると言えます。

　「平等原則」は、自治体が様々な政策を進める上で、大変重要なことです。法規担当はよく理解し、法令相談や例規審査の際に、意識して臨みましょう。

ポイント

◉合理的な理由がなく、住民を不平等に取り扱ってはならない。
◉法令相談や例規審査には、"平等原則"を意識して臨もう！

7 重い違反には重い処分、軽い違反には軽い処分を

▶ 法の一般原則②

失敗事例 「"比例原則" を知ってるの？」と弁護士から指摘

福祉課の主査から、「指導指示に違反した生活保護受給者の保護を廃止しても、問題ないよね？」と相談があり、伯耆主事は「法律に基づき廃止するので、問題ないです」と回答しました。ところが後日、当該受給者は弁護士を伴い来庁し、「停止などもできるのに、いきなり廃止するのはおかしい」と主張し、弁護士からは「比例原則も知らないのか？」と言われてしまいました。

事例解説 行き過ぎた処分は比例原則違反

生活保護ケースワークでは、受給者に必要な指導指示をすることができます。この事例では、「週1回以上ハローワークに通い、求職活動すること」という指導に受給者が違反したため、保護が廃止されました。

今回のケースは初めての違反で、かつ、違反の程度も比較的軽微なものでした。さらに、保護の変更や停止という対応も可能でしたが、最も重い廃止としたため、不適当な対応を取ってしまったと言えます。

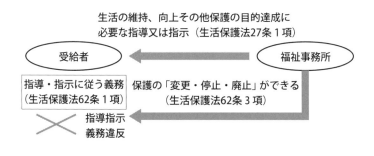

生活の維持、向上その他保護の目的達成に
必要な指導又は指示（生活保護法27条1項）

受給者　←　福祉事務所

指導・指示に従う義務
（生活保護法62条1項）

保護の「変更・停止・廃止」ができる
（生活保護法62条3項）

指導指示
義務違反

比例原則とは

　行政目的を達成するために必要な範囲でのみ行政権限を行使することが許されるという原則を「比例原則」といいます（『基本行政法〔第3版〕』中原茂樹、日本評論社）。したがって、不必要あるいは過剰な権限行使や規制は許されず、違反行為とバランスのとれた処分が求められます。「雀を撃つのに大砲を使ってはならない」とも喩えられます。

比例原則イメージ

この事例は比例原則に反するのか？

　この事例では、受給者が指導指示に違反したことは間違いありませんが、比例原則に照らし、直ちに最も重い保護廃止処分を行ったことは、さすがに重過ぎるでしょう。いったん保護停止処分にして、その間の求職活動の状況を踏まえて、判断することもできたはずです。

　生活保護法62条3項のように、違反行為に対し、複数の処分の中から選択できるケース（いわゆる「効果裁量」が認められるケース）では、違反の程度とバランスのとれた処分を課すことが求められます。

　原課には、再三にわたる指導指示に従わないなど違反の程度が重い場合に限り、廃止という重い処分が可能であることをよく理解してもらいましょう。

> **ポイント**
> ◉不必要あるいは過剰な権限行使や規制は許されない。
> ◉法令相談や例規審査には、"比例原則"を意識して臨もう！

8 難しい法令解釈も マークと図解でスッキリ

▶ 法令解釈のコツ

失敗事例 分かりにくい条文を読み解くのに苦戦

　選管の書記から、「公職選挙法143条16項の解釈について議員さんから問合せがあったけれども、よく分からない。急ぎで回答が欲しいらしいから、解釈を教えてほしい」と相談がありました。同項は、なかなか複雑な規定ぶりで、伯耆主事は「う〜ん…」と黙り込んでしまいました。書記は、「伯耆は、やっぱり頼りないな…」とぼそり。

事例解説 難しい公選法143条は工夫して読む

　法律は、条文の数もさることながら、ひとつの条がたくさんの項・号から構成されていて、しかも長文であったり、括弧書きの中に括弧があったりします。読むのも大変ですが、理解するのに大変苦労するものもあります。法規担当は、原課から助けを求められることがありますが、コツさえつかんでおけば、大丈夫です。

　この事例の公職選挙法も、理解するのが大変な法律のひとつで、143条の解釈は問合せが多い条文のひとつに挙げられます。同条16項は、政治活動用のポスターや看板の掲示の規制に関するものですが、同項本文で「次に掲げるもの以外のものを掲示する行為は、第1項の禁止行為に該当する」としつつ、同項2号で「〜掲示されるもの以外のもの」と「以外のもの」が再登場するため、伯耆主事は少々頭がこんがらがってしまい、答えに窮してしまいました。

重要そうなところをマークする

　一読し、解釈する上で重要そうなところをマークしたり、線を引いたり、囲んだりします。事例で言うと、「以外のもの」とその前の部分が重要そうなので、マークなどをします。また、括弧書きがあると読みづらいので二重線で消したり、不要そうなところは「（略）」にしたりすると、読みやすくなります。また、括弧が何重にもなっている場合には、蛍色ペンを複数使い、段階ごとに色分けすると、理解がしやすいです。

> ●公職選挙法143条16項
> 　公職の候補者又は公職の候補者となろうとする者（公職にある者を含む。以下この項において「公職の候補者等」という。）の政治活動のために使用される当該公職の候補者等の氏名（略）を表示する文書図面（略）で、次に掲げるもの以外のものを掲示する行為は、第１項の禁止行為に該当するものとみなす。
> ⑵　ポスターで、当該ポスターを掲示するためのベニヤ板、プラスチック板その他これらに類するものを用いて掲示されるもの以外のもの（略）

スッキリさせたら図解してみる

　マークなどでスッキリしたところで、今度は図解してみましょう。難解な条文でも図解すれば、何がダメで、何は OK なのかクリアになり、原課に自信をもって回答できます。難解な条文に「うわっ…」と心が折れそうになるかもしれませんが、一工夫で効率的に理解ができます。

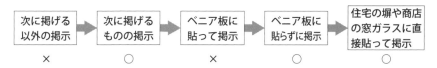

> ### ポイント
> ◉難解な条文で心が折れそうになったら、マークや線引きを！
> ◉最後は、図解にして自信をもって回答しよう!!

9 民間活用は法律行為の有無に注目

▶ 業務委託と指定管理者制度

失敗事例　2つの制度の混同で後輩に説明できず

　伯耆主事は総務課の後輩に「なぜ文化会館の管理を民間企業がしているんですか？」と聞かれ、「指定管理者制度を活用していたはずだよ」と答えました。さらに「指定管理者制度と業務委託の違いがよく分からないので、教えてくれませんか？」と質問が飛んできて、2つの制度の違いをよく理解していなかった伯耆主事は絶句してしまいました。

事例解説　指定管理は法律行為も委託できる

　自治体の事務は、自治体の直営だけでなく、例えば道路工事や庁舎の清掃のように、民間企業に委託して実施されるものがあります。この事例の文化会館などの"公の施設"の管理についても、民間企業へ委託されていることが多いです。

　公の施設の管理を委託する方法としては、「業務委託」と「指定管理者制度」があります。業務委託の性質は「契約」で、施設の清掃・点検、入館の受付など事実行為しか委託できません。指定管理者制度は地方自治法に基づくもので、事実行為だけでなく、施設の使用許可などの法律行為も委託することができます。

　業務委託と指定管理者制度とは、民間企業など私人に委託しているので、似た部分がありますが、法的な性格や、委託できる範囲も異なります。伯耆主事は、この点の理解が十分でなかったため、後輩に確かな説明ができず、先輩らしさを示せませんでした。

業務委託と指定管理者制度の違い

　業務委託は、法律の根拠がなくても行うことができ、また自治体の長が決定できます。しかし、委託できるのはあくまでも事実行為のみです。このため、法律行為を含まない庁舎の清掃などに活用されています。

　指定管理者制度は、地方自治法244条の2第6項に基づき、議会の議決を経て、行政処分により委託を行うものです。事実行為だけでなく、使用許可などの法律行為も委託できます。条例で定めれば、利用料金制度（公の施設の利用料金を指定管理者の収入とする制度）が導入できるため経営努力を促し、住民福祉の増進が期待されます。

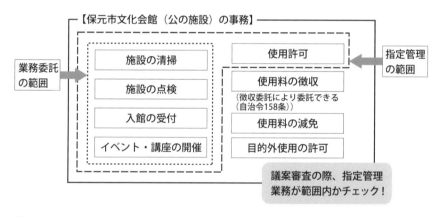

指定管理者制度で注意すべきこと

　指定管理者制度の趣旨は、多様な住民ニーズに効率的に対応するため、民間ノウハウを活用しようとしている点にあります。経費削減のために指定管理者制度を導入しようという考えが一部にありますので、原課に対し制度の趣旨を理解してもらえるよう、よく説明しましょう。

ポイント

◉業務委託は、庁舎清掃など事実行為を委託するもの。
◉指定管理者制度は、経費削減のための制度ではない!!

自治体の財産イメージ

　文化会館など公の施設は、自治体の財産のひとつです。地方自治法第9章第9節以降に財産についての規定がありますが、図にまとめると次のようなイメージになります。

【自治体の財産】

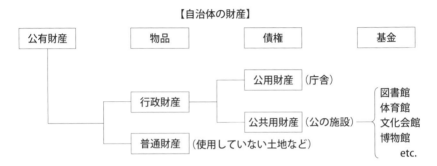

直営か指定管理か

　「民間が管理した方が、本当によいのですか？」という質問がよくありますが、常に民間企業が管理した方がよいとは限らないと考えられます。「指定管理ありき」でものごとを進めるのではなく、行政が直営した場合と指定管理者制度により民間企業が運営した場合とで、どちらがより住民福祉の増進につながるのか、天秤にかける必要があります。

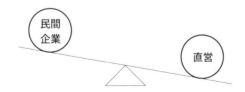

　指定管理者制度導入のための条例改正の相談があった際は、原課にこのような視点があることを紹介しましょう。

2011年1月5日　片山総務大臣閣議後記者会見（抜粋）

　指定管理者制度について、片山善博総務大臣（当時）は、次のように発言しています（下線は筆者）。

指定管理者制度が導入されてから今日までの自治体のこの制度の利用の状況を見てみますと、コストカットのツールとして使ってきた嫌いがあります。もちろんそれは全く否定するものではありませんけれども、指定管理者制度というのは、一番のねらいは、行政サービスの質の向上にあるはずなのです。俗にお役所仕事とかですね、そういうものから脱却をして、民間の創意工夫とか、それから経験とか、そういうものを導入することによって、ともすれば画一的で、規則などに縛られて、利用者本位ではないと批判されてきた公の施設の利活用について、新風を吹き込みたいと。行政サービスの質を向上したい、住民の皆さんの満足度を高めたいということなのです。ところが、そっちの方よりも、むしろ、外注することによって、アウトソースすることによって、コストをいかにカットするかというところに力点が置かれてきたような印象を持っております。

（出典）総務省ホームページ
（https://www.soumu.go.jp/menu_news/kaiken/02koho01_03000154.html）

　つまり、指定管理者制度の目的はコストカットではなく、行政サービスの質の向上にあるということです。この記者会見の2週間ほど前の2010年12月28日に、総務省自治行政局長通知「指定管理者制度の運用について」が発出されたことを受けての発言です。

　単にコストカットのため、指定管理者制度を推進しようとする担当者には、局長通知や大臣会見を提示し、よりよい在り方を共に検討してはいかがでしょうか。

まちなか交流広場に キッチンカーを設置できるの?

▶よくある原課のお悩みサポート①

失敗事例 使用許可か目的外使用か確認せず 二つ返事

都市整備課の係長から、「まちなか交流広場の指定管理者から、にぎわいの創出のため、キッチンカーを置きたいと相談があった。許可して問題ないか?」と問合せがありました。伯耆主事はキッチンカー設置を肯定的にとらえ、設置者を確認しないまま、「広場を管理している団体だし、いいんじゃないですか」と回答し、後で必要な手続が漏れていたことが分かりました。

事例解説 設置主体によって手続方法が異なる

まちなか交流広場は、条例により設置された公の施設で、指定管理者制度が導入されています。指定管理者は、にぎわいの創出のためキッチンカーを設置したいと考えていますが、誰が設置するのかによって、手続が異なってきます。

もし、指定管理者に施設の「管理行為」のひとつとして行わせるのであれば、保元市が設置することになり、協定の見直しが必要です。

住民や事業者が、あるいは指定管理者が広場の一利用者として設置する場合、まちなか交流広場条例に基づく「使用許可」(駐車場などキッチンカーを置けるスペースの使用を許可する形態)又は地方自治法238条の4第7項に基づく「目的外使用許可」を受ける必要があります。

伯耆主事は、係長に設置主体をよく確認した上で、それぞれどのような手続が必要なのか説明するべきでした。

管理行為 or 使用許可 or 目的外使用許可

　まちなか交流広場にキッチンカーを置くことはできますが、その方法として、①管理行為、②使用許可、③目的外使用許可が挙げられます。

　管理行為として指定管理者に行わせるには、協定内容に盛り込む必要があります。この場合、指定管理者が収益欲しさに設置を相談してきても、キッチンカーの売上は自治体の歳入となるので、注意が必要です。

　使用許可は、施設の設置目的に従って利用するときに必要なものです。まちなか交流広場は、「にぎわいの創出」を目的に設置されているので、駐車場などのスペースにキッチンカーを置いて使用するのは、"目的内"と言えます。

　目的外使用許可は、施設の設置目的とは別の目的で利用するときに必要なものです。まちなか交流広場の例では、キッチンカーの設置は目的外使用許可には、なじまないと言えるでしょう。

設置目的により判断する

　まちなか交流広場の場合、設置目的が「にぎわいの創出」のため、使用許可が親和的ですが、管理行為なのか、使用許可なのか、目的外使用許可なのか、施設ごとに判断しなければなりません。例えば、図書館は「教育と文化の発展に寄与することを目的」として設置されています。「にぎわいの創出」は読み取れませんので、図書館にキッチンカーを置く場合は、目的外使用許可によるべきです。

■ ポイント
◉使用許可と目的外使用許可との違いをよく理解しよう！
◉施設の設置目的により、どの方法が妥当なのか判断しよう！

11 過料を科したいが、どうすればよいの?

▶ よくある原課のお悩みサポート②

失敗事例 過料の手続を間違えた

　　住民課の主任から「故意に転居届を出さない住民がいて、過料を科したいんだけれども、どうすればよいの?」と問合せがありました。伯耆主事は、「過料なら、自治法255条の3に基づいて行うんですよ」と、よく調べないまま、回答しました。後日、間違いに気付いて慌てて主任に連絡しましたが、既に過料処分を行った後でした。

事例解説 過料の根拠に注意する

　過料とは、行政上の秩序維持のため違反者に金銭的負担を科すもので、行政処分に当たります。法律に根拠があるものと、地方自治法に基づき条例又は規則に根拠があるもの（次表）があります。自治体の長が、条例又は規則に根拠のある過料処分をするのであれば、伯耆主事の回答のとおりです。しかし、正当な理由がなく転入届を提出しない者への過料処分は、住民基本台帳法53条により簡易裁判所が裁判により科すことになります。

根拠条項	法形式	内容
14条3項	条例	条例に違反した者に対し、5万円以下の過料
15条2項	規則	規則に違反した者に対し、5万円以下の過料
228条3項	条例	詐欺その他不正の行為により、分担金、使用料、加入金又は手数料の徴収を免れた者については、条例でその徴収を免れた金額の5倍に相当する金額（当該5倍に相当する金額が5万円を超えないときは、5万円とする。）以下の過料

法律に根拠のある「過料」

　新型コロナ感染症対策の時短命令の実効性を確保するために、応じない飲食店に過料を科そうという動きがありました。実際に、東京都では過料決定が出ています。この過料は、新型インフルエンザ等対策特別措置法に根拠があります。非訟事件手続法119条に基づき、<u>他の法令に特別の定めがある場合を除き</u>、当事者の普通裁判籍の所在地を管轄する地方裁判所が裁判により決定します。

　この事例の転入届未提出に対する過料については、住民基本台帳法53条が「特別の定め」に当たり、地裁ではなく簡易裁判所が管轄することになります。簡易裁判所に手続を進めてもらうためには、原課から通知する必要がありますが、非訟事件手続法には通知の方法について、明確な定めがありません。そのため原課から問合せがあった際は、「陸前高田市火災予防違反処理規程18条」のような「過料事件の手続」として裁判所への通知方法を定めている例を参考にして、回答しましょう。

条例又は規則に根拠のある「過料」

　条例や規則違反に対する過料は、地方自治法149条3号により長が科すこと（＝「特別の定め」）とされ、同法255条の3により、あらかじめその旨を告知するとともに、弁明機会を付与する必要があります。

　規定上は同じ「過料」でも、根拠が法律か条例・規則かによって手続が異なることをよく理解して、伯耆主事のように、原課に誤った処分をさせてしまう失敗をしないようにしたいものです。

■ ポイント

◉最近よく活用されている「過料」について正しく理解しよう！
◉同じ「過料」でも、根拠が法律か条例・規則かで手続が違う！

12 顧問弁護士との連携で
法令解釈を確かなものに

▶ 法令相談の補強

失敗事例 困ったときは弁護士を頼るべきだった

法令相談でミスを繰り返す伯耆主事に、上司の総務課長から「うちの市にも顧問弁護士がいるのだから、困ったときは相談してみなさい」とアドバイスがありました。伯耆主事は、「弁護士なら、民法など私法のことは詳しくても、行政法は詳しくないのでは？」と納得できませんでした。総務課長は「弁護士に相談することでスキルアップできるのに…」と呆れてしまいました。

事例解説 顧問弁護士に上手に相談してミスを防ぐ

多くの自治体に顧問弁護士が置かれ、非常勤特別職などの立場で法的問題への対応に関わっています。日常の法令相談や訴訟が提起された際の対応など、特に小規模な自治体では、様々な知見を持った顧問弁護士は大きな存在です。事例の保元市でも、顧問弁護士設置規則により、顧問弁護士を委嘱しています。しかし、伯耆主事は「行政法は詳しくないのでは…」と頼り方が分からず、せっかく顧問弁護士がいるのに、あまり相談に行くこともありませんでした。そのため、独自の考えに固執してしまい、法令相談の回答でミスを繰り返していました。

総務課長から、「あのねぇ…、2006年に始まった新司法試験から、行政法は必修科目になってるんだよね。詳しくない、なんてことはないと思うけど」とたしなめられ、更に「原課への法令相談を確かなものにしたいのなら、"こういう回答をしようとしているが、法的に問題ないか"と尋ねるなど、もっと顧問弁護士と連携してね」と助言がありました。

顧問弁護士と上手に連携する

　原課からの日常の法令相談は、基本的に法規担当が対応します。しかし、法令相談の内容は、地方自治法や行政手続法などに限らず、民法など私法にもわたりますので、しばしば解釈に悩むことがあります。筆者も、破産法の解釈を相談された時は、顧問弁護士に助けを求めました。

　解釈に悩んだときこそ、顧問弁護士に相談しましょう。しかし、丸投げしてしまうのは、せっかくのスキルアップの機会を逃してしまうので、NGです。「こういう判例や学説があり、回答はこう整理しています」と、法規担当としての見解を示します。その上で、それが正しいかどうか顧問弁護士に相談し、法令相談への回答を確かなものにします。また、原課が顧問弁護士に相談に行く際、なるべく法規担当も同席し、顧問弁護士がどのように法令解釈をしているのか、勉強するとよいでしょう。

　それから、訴訟代理人を顧問弁護士に依頼することも多いですが、訴訟に発展しそうな案件は準備に時間が掛かるため、早めに相談しておきましょう。

顧問弁護士と審議会委員

　顧問弁護士を審議会など附属機関の委員に委嘱することがあります。情報公開・個人情報保護審議会のように審査請求の実質的審理（違法かどうかの審査）をする審議会委員の場合に、後に訴訟に発展したときは、公正中立という点からその顧問弁護士に訴訟代理人を頼むべきではありません。原課が、顧問弁護士を審議会委員にしようと検討している場合、審議会の性格によっては差し控えるよう助言するとよいでしょう。

ポイント

- ◉解釈に悩んだら、「回答案」を示して顧問弁護士に相談を！
- ◉訴訟に発展しそうな案件は早めに相談するようにしよう！

押さえておきたい「法の一般原則」

「法の一般原則」に反して違法!?

　行政活動が法令に違反しない場合でも、「法の一般原則」が適用されて違法と判断されることがあります。「平等原則」「比例原則」について紹介しましたが、このほか「権利濫用禁止の原則」「信義則・信頼保護原則」があります。「権利濫用禁止の原則」は後述しますので（120頁）、ここでは「信義則・信頼保護原則」に触れておきます。

信義則・信頼保護原則

　民法1条2項は「権利の行使及び義務の履行は、信義に従い誠実に行わなければならない」と定めています。簡単に言えば、「相手の信頼や期待を裏切らないようにしないといけません」ということです。民法に規定されていますが、「法の一般原則」として行政活動の場面にも適用されます。

　例えば、次のような場合、信義則を使って損害賠償を求めることができます。

> 保元市の志摩市長は、製薬会社の肥後社長に対し、工場建設に協力すると約束しました。この約束を信じ、肥後社長は土地を購入し、工場建設の契約を進めました。ところが、市長選で工場建設に反対する丹波氏が当選し、状況が一変。市の協力を得られなくなったため、工場建設をあきらめ、巨額の損害が発生してしまいました。

　この事例は、宜野座村工場誘致政策変更事件（最判昭和56年1月27日民集35巻1号35頁）をベースにしています。『行政法判例百選』に採録されている判例ですので、ぜひ目を通してみてください。

行政手続・行政不服審査のポイント

1 行政手続法は自治体職員のお作法 !?

▶行政手続法の要点

失敗事例 庁内研修の参加者が集まらない

　ある研修で行政手続法の重要性を学んだ伯耆主事は、庁内向けに「行政手続法・条例」の研修会を企画しましたが、申込みがほとんどありませんでした。そこで、同期の何人かに受講を勧めてみましたが、「行政手続法って、総務課の所管で、俺たちには関係がないだろう」「忙しくてムリ！」という反応で、うまく納得させることができませんでした。

事例解説 行政手続法と無関係な原課はない

　行政手続法は、行政運営における公正の確保と透明性の向上を図り、国民の権利利益の保護に資するため、制定されました。自治体では、総務課が所管していることが多く、原課では「行政手続法は総務課の所管で、自分たちには関係がない」と考えているようです。しかし、行政手続法には個別法に基づいて行政処分をする際に、踏まなければならない手順が定められています。そのため、原課の業務とも大いに関係しています。例えば、道路占用の許可申請があった場合、道路占有の権利は道路法に基づき発生しますが、申請を処理する際には行政手続法に定められた手順を守らなければなりません。数学の答案で言えば、解答が正しいかどうか（個別法）と解法の手順が正しいかどうか（行政手続法）と例えられます（『自治体リーガルチェック』稲葉博隆、第一法規）。

　伯耆主事の同期の理解は誤っていますので、行政手続法の制定の趣旨や、解答と解法の例えなどを使って、うまく説明すればよかったのです。

横串的な存在の行政手続法

　行政手続法は、1993年に制定された比較的新しい法律です。制定以前は、行政処分をする際の事前手続を定めた一般法がなく、事前手続の規定は個別法に置かれていました。そのため、行政処分ごとに手続が異なるなど、適正な事前手続が保障されていない懸念がありました。

　そこで、個別法に共通する事前手続を定める一般法として、行政手続法が制定されました。同法は、「申請に対する処分」のルールとして、審査基準、標準処理期間、審査応答義務、理由の提示を定めており、不利益処分のルールとして、処分基準、聴聞・弁明機会の付与、理由の提示を定めています。ほかにも、行政指導のルールが定められています。

　原課が個別法に基づき、申請に対する処分をしたり、不利益処分をしたりする際には、原則として行政手続法に定められたルールに従う必要があります。基本的に、**行政手続法と無関係な原課はありませんので、同法は"横串的な"ポジションにあります**（次頁参考資料参照）。

行政手続法を定着させるにはどうすればよい？

　所管する総務課だけでなく、全ての原課に関係のある行政手続法ですが、残念ながら実務に定着しているとは言えない状況です。行政手続法の存在すら知らない職員も少なくありません。しかし、**自治体職員にとって、行政手続法は、必ず身に付けなければならない"お作法"です**。庁内研修の開催、法令相談を通じてのレクチャー、行政ドックの取組（93頁参照）などによる定着を図りましょう。また原課が納得する説明をできるよう、まずは法規担当がよく理解しましょう。

ポイント
◉行政手続法は"全て"の原課に関係する"横串的な"法律！
◉行政手続法は自治体職員の"お作法"。まず法規担当が理解を！

行政手続法と個別法の関係

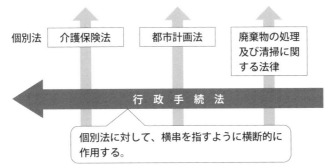

（出典）北村喜宣「予防法務としての行政ドックと行政手続法制」一般財団法人地方自治研究機構『自治体における行政手続の適法・適正な運用に係る自己診断に関する調査研究』（2021年）14頁を参考に筆者作成

行政手続法と行政手続条例の関係

　地方自治への配慮の観点から、自治体の条例等に基づく処分等については、行政手続法の適用が除外されています（行政手続法3条3項）。しかし、同法46条の要請に基づいて、自治体は同法と同じ内容で行政手続条例を制定しています。両者の適用関係は、次のように整理できます。

主体	根拠	行 政 行 為			
		申請に対する処分	不利益処分	行政指導	届　出
国	法律	法適用	法適用	法適用	法適用
自治体		法適用	法適用	条例適用	法適用
	条例	条例適用	条例適用	条例適用	条例適用

※　法＝行政手続法　条例＝行政手続条例

個別法による行政手続法の適用除外

行政手続法３条には、同法の規定が適用除外となる処分・行政指導が列挙されています。適用除外はここに列挙されたものだけでなく、個別法で行政手続法の適用を除外している場合があるので注意が必要です。

例えば、生活保護の廃止処分（＝不利益処分）については、次のように適用除外が定められています。

○生活保護法
　（指示等に従う義務）
第62条　（略）
3　保護の実施機関は、被保護者が前２項の規定による義務に違反したときは、保護の変更、停止又は廃止をすることができる。
4　保護の実施機関は、前項の規定により保護の変更、停止又は廃止の処分をする場合には、当該被保護者に対して弁明の機会を与えなければならない。この場合においては、あらかじめ、当該処分をしようとする理由、弁明をすべき日時及び場所を通知しなければならない。
5　第３項の規定による処分については、行政手続法第３章（第12条及び第14条を除く。）の規定は、適用しない。

※　第12条：処分の基準、第14条：不利益処分の理由の提示

このケースでは、一部を除き、不利益処分に関する規定が適用除外とされています。行政手続法と生活保護法の適用関係は、表に整理すると次のようになります。

	処分基準の設定	聴聞・弁明機会の付与	理由の提示
行政手続法	○	×	○
生活保護法	×	○（62条４項）	×

行政手続法が求める審査基準・処分基準の要件

▶審査基準・処分基準の要点

失敗事例 法令の許可基準を審査基準と誤解した

伯耆主事は、ある地元の大学教授から「研究に必要なので、最近制定された太陽光発電事業と自然環境との調和に関する条例の審査基準を送ってくれないか」と頼まれました。伯耆主事は、原課から取り寄せ、そのまま教授に送付しましたが、「これのどこが審査基準なの…」と指摘されてしまいました。

事例解説 法令の許可基準は審査基準ではない

　行政手続法（事例では条例に基づくものなので、行政手続条例になります。）は、申請に対する処分をする際に、「審査基準」を定めることを求めています。審査基準とは、「申請により求められた許認可等をするかどうかをその法令の定めに従って判断するために必要とされる基準」を言います。法令の定めが最大限具体的で明確に定められていて、それだけで判断できる場合を除き、審査基準を定めなければなりません。多くの場合、「法令の許可基準≠審査基準」となります。

　太陽光発電事業と自然環境との調和に関する条例は、市内の特定区域に太陽光発電施設を設置する場合には、市長の許可を必要としています。条例に「許可基準」が定められていますが、それだけでは抽象的なので、審査基準をつくる必要があります。しかし、原課がつくったものは、条例の許可基準をそのまま書いただけで、審査基準としての要件を満たしていなかったため、教授から「これは審査基準じゃない」と言われてしまったのです。

"エセ"審査基準・処分基準に要注意

　行政手続法は、行政の恣意的な判断を抑止し、公正を確保するため、審査基準や処分基準を定めることを求めています。処分基準とは、不利益処分をするかどうか、又はどのような不利益処分とするかについてその法令の定めに従って判断するために必要とされる基準を言います（処分基準の策定は努力義務）。

　審査基準や処分基準は判断をするためのよりどころですので、抽象的な法令の定めをできる限り具体的な内容にしてつくる必要があります。しかし、インターネットで審査基準や処分基準を検索すると、法令の許可基準などをそのまま書き写したものが散見されます。これでは、形式的に審査基準の体裁をとっていたとしても、実質的な意味での審査基準になっていませんので、言葉は悪いですが、"エセ"審査基準と呼ばれても仕方がありません。まずは、法規担当が「法令の規定そのものは審査基準ではない」という点を強く意識して、ホンモノの審査基準をつくれるよう、原課に指導していく必要があります。

国から示された通知を基に判断しているけど？

　例えば、生活保護の開始や基準変更、停・廃止に際して、厚生労働大臣などが発出した、生活保護法の解釈や運用についての通知に基づき、判断します。このように国の通知に依拠して判断している場合、当該通知が審査基準と言えます。この場合、当該通知を審査基準として決定すれば、審査基準を定めたことになります（『逐条解説　行政手続法〔改正行審法対応版〕』行政管理研究センター、ぎょうせい）。

ポイント

◎法令の規定そのものは審査基準ではない！
◎国の通知に基づき判断しているときは審査基準として決定しよう。

3 住民から「マニュアル」を 見せるように言われたら?

▶住民対応のコツ

失敗事例 審査基準を非公開にして苦情が来た

保元市内の業者から「開発許可のマニュアルを見たい」と求められた都市計画課の主事は、「見せられない」と対応しましたが、業者が納得しません。要請を受け、伯耆主事も一緒に対応することになり、「内部資料だから見せられない。見たいのなら開示請求して」と伝えました。後日、業者から「マニュアルは審査基準だから、公にする必要がある」と苦情がありました。

事例解説 審査基準は公にしなければならない

保元市の都市計画課では、「開発許可等の申請処理マニュアル」を作成し、これに基づいて開発許可をするかどうか判断をしています。マニュアルでは、抽象的な都市計画法の定めを可能な限り具体化していますので、まさしく「審査基準」に該当します。行政手続法5条3項は、「審査基準を公にしておかなければならない」と規定しています。これは、申請者に対し審査基準を秘密にしないという趣旨で、対外的に積極的に周知することまで義務付けるものではないとされています(『逐条解説行政手続法〔改正行審法対応版〕』行政管理研究センター、ぎょうせい)。なお、同じマニュアルでも不利益処分の処分基準の公表は努力義務です。

事例では、審査基準である「開発許可等の申請処理マニュアルを見たい」と言われたので、業者に見せなければならなかったのです。応援に入った伯耆主事が、マニュアルが審査基準であること、そして公にしなければならないことをよく理解していれば、失敗は防げたはずです。

マニュアルは原課にとってできれば見せたくないもの

　原課との相談の中でよく感じるのが、「申請者にはなるべく手の内を
さらしたくない」という思いが強いことです。保育園入園申請のように
競願関係にあるような場合、「審査基準の設定がおかしい」という苦情
が来ることも予測されるため、気持ちは分からなくもありません。

　しかし、審査基準が公にされることで、行政の恣意的な判断は抑止さ
れますし、審査基準を逸脱した判断もできなくなります。つまり、審査
基準の公表は、行政運営における公正の確保と透明性の向上という行政
手続法の目的を達成するのに、非常に大切なことなのです。

　法規担当は、「できれば見せたくない」「何とか見せない方法はないの
か」と泣きついてくる原課には、「審査基準が分からないと申請者が困
ってしまう」など、公表の趣旨を理解してもらえるよう説明しましょう。

ホームページへの掲載でコンプライアンス向上

　審査基準の公表方法については、具体的な定めがありません。事務所
における備付け、ホームページへの掲載、希望者への提示などの方法が
考えられます。行政の恣意的な判断を抑止し、公正を確保するという審
査基準の趣旨を踏まえると、自治体の公式ホームページに掲載し、常時
アクセスできるようにするのが適当です。

　ホームページへの掲載となると、原課からの猛反発が目に浮かびます
が、負けずに法規担当が音頭を取って、まずは申請件数の多いものから
順次掲載していくなど、行政手続コンプライアンス向上に努めましょう。

ポイント

◉審査基準に該当するマニュアルは公にしなければならない。
◉審査基準は自治体ホームページで公表を！

4 正しい窓口対応をしないと法令違反に!

▶ 窓口対応の注意点

失敗事例 それって「水際作戦」!?

福祉課で生活保護の相談した住民が、知り合いの行政書士を伴って、総務課に苦情を言いに来ました。「何度も生活保護を申請したいと言っているのに、『申請しても、あなたは保護を受ける見込みがない』と繰り返すだけで申請書をもらえなかった。総務課から生活保護担当に何とかするよう言ってもらえないか」と、住民は伯耆主事に迫りました。

事例解説 「受理していないから審査をしない」は違法

かつて（今も？）、生活保護の窓口では「水際作戦」というものが行われていました。生活保護費の増大が自治体財政を逼迫させるおそれがあり、生活保護の申請をなるべく少なくするため、申請意思を示しても申請書を渡さない、あるいは申請書が提出されても"受理"していないとして審査を始めないなどの運用を「水際作戦」と言います。

この事例では、住民は何度も生活保護の申請意思を明確に示しています。行政手続法7条は、「申請がその事務所に到達したときは遅滞なく当該申請の審査を開始しなければならず（略）」と規定しているので、住民に生活保護の申請書を渡さないことは、違法と判断されます。

この後の対応として、伯耆主事は、まずは住民に謝罪するとともに、福祉課に対し行政手続法7条の趣旨を説明し、申請書を交付するよう助言するべきです。また、「水際作戦」が繰り返されないよう、福祉課だけでなく、庁内の行政手続法遵守の機運を高めていく必要があります。

受給見込みがなくても断わるのは申請権の侵害

　生活保護に限らず、児童扶養手当など金銭の給付の申請の際には、自治体が申請を受ける前に窓口で面接を行います。生活状況、就労状況、収入などを聞き取り、相談者に受給の見込みの有無を説明するのが一般的です。受給見込みがないと分かった住民は申請をしない場合が多いですが、それでも「どうしても申請したい」という人もいます。面接時に生活保護や児童扶養手当の申請意思が明確に表示されたにもかかわらず、申請書を交付しないなど申請に応答しないことは、行政手続法7条（審査・応答義務）違反となります（さいたま地判平成25年2月20日判時2196号88頁）。

　確かに受給見込みがないのに、面接した全ての相談者の申請を審査すると、かなりの事務負担になるため、面接で受給見込みを示す運用は必要でしょう。しかし、申請意思が明確に表示されたときに、「見込みがないので、申請はやめた方がいいですよ」などと繰り返し、申請を断念させるような運用（＝申請権の侵害）は、厳に慎まなければなりません。

行政手続法7条は「受理」概念を否定

　行政手続法7条は、いわゆる「受理」という曖昧な概念を否定しています。同法の制定以前は、「申請書は届いているが、まだ受理していないので、審査を開始しない」という取扱いがまかり通っていました。

　住民に対し法令遵守を求めている以上、自治体職員には行政手続法を遵守した行政運営が求められます。行政手続法研修の実施などにより、「受理」概念を打破することも、法規担当の重要な役割と言えます。

> **ポイント**
> ◉申請の意思が示されたときは、申請書を交付し、遅滞なく審査を！
> ◉法規担当は、「受理」概念を打破するため、奮闘しよう！

5 申請拒否の理由欄は 「根拠規定」だけでは不十分

▶ 「理由の提示」の水準

失敗事例 理由が不十分で取消訴訟で敗れる

　情報公開条例に基づき、観光課に開示請求があり、伯耆主事も合議しました。部分開示（＝請求の一部拒否：黒塗り）を決定するもので、理由欄には「条例6条2号に該当するため」と根拠規定しか書かれていませんでしたが、先例どおりのため、スルーしてしまいました。後日、「理由の提示が不十分だ」として、取消訴訟が提起され、保元市が敗訴しました。

事例解説 申請拒否の理由はどの程度書けばよいのか？

　行政手続法（事例では条例に基づくため行政手続条例になる）は、生活保護の開始や国民健康保険税の減免などの申請を拒否する処分をする場合は、申請者に理由を示すことを求めています。

　この事例では、「条例6条2号に該当するため」と理由を提示しましたが、単に根拠規定を示すだけでは不十分とされます。どのような事実関係に基づいてどのような法規を適用して申請が拒否されたのかを、申請者がその記載自体から理解できる程度の記載をしてはじめて、理由の提示をしたと言えます（最判昭和60年1月22日民集39巻1号1頁）。また、申請を拒否した決定自体が正しい場合でも、理由の提示に不備があれば、取消訴訟で決定を取り消されてしまいます。

　この事例では、実は黒塗りにした箇所は個人情報であり、その部分を不開示とした決定は正しかったのですが、理由の提示に不備があったため、取消訴訟で敗訴してしまったのです。

なぜ理由を提示するのか？

　行政手続法は、なぜ申請を拒否する場合に理由の提示をしなければならないと規定しているのでしょうか？　それは、①判断の慎重と公正妥当を担保してその恣意を抑制すること、②拒否の理由を申請者に知らせることによって不服申立てに便宜を与えることにあります（前掲最判昭60.1.22）。申請者は、提示された理由について「事実関係の認定が間違っている」と思えば、訴訟などで決定の見直しを求めることができます。

自治体の「不戦勝」状態？

　それでは、自治体の現場において、行政手続法が求める水準の「理由の提示」が行われているのでしょうか。残念ながら、この事例のように根拠規定を記載するだけというのが大半を占めていて、取消訴訟で争われない限り、理由提示が不十分であったとしても問題になることがありません。こうした状況について、あるシンポジウムで上智大学の北村喜宣教授が「行政の『不戦勝』状態」と指摘されていましたが、本当にそのとおりではないでしょうか。しかし、法規担当としてはこれを良しとすることなく改善する必要があります。

　理由の提示は、上司の決裁は必要ですが、個々の職員の心掛けで今すぐ改善することが可能です（「行政手続と自治体法務4」板垣勝彦、『自治実務セミナー（2021年7月号）』第一法規）。「不戦勝」状態を解消し、訴訟にも耐えられる理由を記載できるよう、法規担当は合議などの機会を通じ、積極的に原課にアドバイスしましょう（理由の書き方は次頁参考資料参照）。明確な理由を記載することは、自治体職員のマストです。

> **ポイント**
> ◉ 理由の提示は個々の職員の心がけによってすぐ改善できる。
> ◉ きちんと理由を記載できることは、自治体職員のマスト！

理由は明確に記載しよう

　理由は、法的三段論法により記載します。三段論法とは、大前提、小前提、結論という命題からなる論理的な推論のことです。法的三段論法では、次のように整理できます。

大前提　⇒　法令　小前提　⇒　事実　結論　⇒　あてはめ

【ケース】

　情報公開条例に基づき、観光課が6月に行ったイベントに関する資料一式の開示請求がありました。対象文書の中に「参加者名簿」があり、そのうちの氏名や住所を不開示決定した事案です。

【理由】

（大前提）
　保元市情報公開条例6条2号は、「個人に関する情報であって、特定の個人が識別され、若しくは識別され得るもの」を不開示情報としています。同条例の審査基準である「保元市情報公開条例逐条解説書」において、「特定の個人が識別され得るものとは、住所、電話番号、役職、個人別に付された記号番号」と定めています。
（小前提）
　この度、○○様から開示請求のありました「観光課が6月に行ったイベントに関する資料一式」の中には、参加者の住所及び電話番号が記載された「参加者名簿」が含まれています。
（結　論）
　したがって、○○様から開示請求のあった文書のうち、「参加者名簿」については、氏名、住所、電話番号が記載された部分を不開示とします。

　なお、東幸太郎氏の「行政職員は処分理由に『何を』『どう』書くべきか?」『自治実務セミナー（2018年8月号）』37頁以下が大変参考になりますので、ぜひ参照してください。

行政ドックのススメ

コラム

行政ドックって？

　庁内の行政手続法遵守を推進する手法のひとつとして、「行政ドック」を紹介します。上智大学の北村喜宣教授が提唱されたもので、静岡市、流山市、那須塩原市、豊田市などで取り組まれています。

　人間でも年に１回はドックに入り、身体に悪いところはないか調べます。人間ドックと同じように、行政も定期的にドックに入り、法令の執行が適切に行われているかチェックしようというものです。診査者は、行政法の研究者のほか、顧問弁護士などが考えられます。

「受けてみてよかった」

　那須塩原市では、2018年から「行政ドック」を実施しています。具体的には、原課において①申請に対する処分と②不利益処分に至るまでのプロセスが、行政手続法（条例）に沿った形で運用されているかを診査しています。診査は、提唱者である北村教授に依頼しています。

　原課からは、相手方に送付した通知書をはじめ、起案文書、処分に至るまでの記録、審査基準や処分基準を提出してもらいます。北村教授からは、どの箇所がどのように問題なのか、具体的な指摘や助言を頂くことができます。抽象的な集合研修に比べ、大変理解しやすいため、当初は「えっ!?　なんか面倒くさそう…」と煙たがっていた原課職員も、診査後は「受けてみてよかった」と好評です。

　行政ドックの取組の詳細については、一般財団法人地方自治研究機構が作成した「自治体における行政手続の適法・適正な運用に係る自己診断に関する調査研究」報告書に掲載されています。また、報告書では、北村教授が簡易版の「行政ドック」を提案されています。

　詳しくは右の二次元コードから資料を参照してください。

第3章　行政手続・行政不服審査のポイント……93

6 行政指導は従ってもらうのが当然じゃない

▶ 行政指導の限界

失敗事例 困った…申請者が「行政指導」に従わない！

　情報公開条例に基づき文書の大量請求がありました。申請内容の補正が難しく、また申請を却下して審査請求や取消訴訟を提起されると「面倒だ」と考えた伯耆主事は、申請を取り下げるよう行政指導しました。明確に「従わない」と申請者から言われましたが、「何とか従わせたい」と息巻く伯耆主事に、隣の席の長門先輩からストップがかかりました。

事例解説 行政指導の法的性質を誤解していた

　自治体の現場では、様々な分野で行政指導が行われています。行政指導とは、「行政機関がその任務又は所掌事務の範囲内において一定の行政目的を実現するため特定の者に一定の作為又は不作為を求める指導、勧告、助言その他の行為であって処分に該当しないもの」（行政手続法2条6号、行政手続条例にも同様の定義あり）のことです。

　行政指導の内容には法的拘束力はなく、相手方の任意の協力によってのみ実現されるものです（同法32条1項）。行政指導に従わなかったことを理由に、不利益な取扱いをすることも禁止されています（同条2項）。

　この事例のように、申請の取下げや申請内容の変更を求める行政指導については、申請者が従う意思がないと表明した場合、それ以上行政指導を継続してはなりません（同法33条）。こうした行政指導の原則を理解していなかった伯耆主事は、申請を取り下げるよう行政指導を継続しようとしたため、長門先輩から「待った」を掛けられたわけです。

「従ってもらうのが当然」は NG

　行政指導には、①法令に根拠があるもの、②法令に根拠はないが所掌事務の目的を達成するため、その範囲内で行われるものがあります。例えば、高層マンションや産業廃棄物処理施設などの建設計画が持ち上がると近隣トラブルが起き、建設計画を見直すよう行政指導が行われます。

　自治体職員の現場感覚として、行政指導には、「従ってもらうのが当然」という風潮があります。しかし、行政指導に従うかどうかは任意で、従ってもらうのが当然ではありません。実際には行政指導が多用されていることを踏まえると、行政指導の任意性について、原課職員に理解を深めてもらう必要があります。

　また、指導要綱などで「〜しなければならない」と、あたかも法的義務のような規定を見かけるときがあります。条例でなく要綱に基づくもので、法的拘束力はなく行政指導に当たるため、無理矢理従わせることはできません。あくまでも「お願い」であって、住民や業者には従う義務はないので、誤解しないように注意しましょう。

「従わないから嫌がらせ」も NG

　行政指導に従わないからと、申請者を不利益に取り扱うことも禁止されています。高層マンションのケースでは、建築計画を見直すまでは建築確認を保留にし、着工できないようにするのは不利益取扱いです。

　原課も近隣トラブルを解消しようとして、手を尽くそうとしているため、ついつい脱線しがちです。法規担当は、原課が「行政手続法」という"レール"から脱線しないよう、バックアップしましょう。

> **ポイント**
> ◉行政指導は"任意"！「従ってもらうのが当然」ではない‼
> ◉行政指導に従わない申請者を不利益に取り扱うことも NG！

7 条例づくりでは住民の意見を聴く

▶パブリック・コメント制度

失敗事例 後になってパブコメの必要性を知る

> 伯耆主事の助言を受け、環境課では「空き地の適正管理条例」をつくることにしました。新たに住民に義務を課す条例のため、環境課から「パブリック・コメント（パブコメ）は必要か？」という質問がありました。「うちの行政手続条例にはパブコメの規定はないので、不要です」と答えました。しかし、庁議で「どうしてパブコメしていないの？」と指摘が入りました。

事例解説 パブコメ条例・要綱が定めている場合もある

　自治体が重要な施策・方針を決定しようとする際に、住民の声に耳を傾けることは非常に重要なことです。行政手続法6章は国が政令や省令などを定める際の意見公募手続、いわゆるパブリック・コメントについて規定しています。この規定は、自治体には適用されません。そのため、パブリック・コメント手続について条例や要綱などで定めている自治体があります。

　事例の保元市では、市長の訓令という形でパブリック・コメント手続要綱を定めています。その中で、住民に義務を課し、又はその権利を制限する条例を制定する場合には、パブリック・コメントを実施しなければならないと定められています。

　パブリック・コメントの担当が広報課であったため、伯耆主事は要綱の存在を知りませんでした。各課の事務分掌をよく把握していれば、「えっ!?　そんなのあったの」と驚かずに済んだはずです。

意外と見落としているパブコメ

　条例なのか要綱なのかという形式の違いはありますが、条例の制定や改廃に際しパブリック・コメントを実施しなければならない事項として、次のように掲げられているケースが多いです。

⑴　次に掲げる条例の制定又は改廃に係る案の策定
　ア　市の基本的な制度を定める条例
　イ　市民生活又は事業活動に直接かつ重大な影響を与える条例
　ウ　市民等に義務を課し、又は権利を制限する条例

　条例であればパブリック・コメントの実施は法的義務ですし、この事例のように市長訓令の場合でも職員はこれに従って実施する必要があります（訓令とは、職員に対して指揮命令するもので、住民を拘束するものでありません）。しかし、パブリック・コメント制度の担当が企画や広報の担当課のことも多く、法規担当は意外と見落としがちです。「パブコメは実施済みか」と例規審査の「審査チェック事項」に加えることで、住民参画の機会を保障することにつながるのではないでしょうか。

実施期間を十分に確保する

　条例案の検討が遅れると、意見募集期間（パブコメの実施期間）が十分確保できなくなります。パブコメは30日以上の期間を設けるケースが多いですが、制度の重要性に鑑み、長めの期間を確保します。パブコメが関係しそうな条例案の話が出た際には、早めにパブコメの必要性を担当課に尋ねるなど、原課をサポートしましょう。

ポイント

◉規制型の条例をつくる際は、パブコメの見落としに御用心！
◉原課にパブコメ実施期間を十分確保するようアドバイスしよう！

8 教示文の審査請求先は 正しいか？

▶ 審査請求先の原則と例外

失敗事例 審査請求先の例外を把握していなかった

　新設するホースパークの利用に関係する様式を作成している教育委員会の係長から、様式の審査依頼がありました。利用拒否決定書の教示文に「この決定に不服がある場合には、<u>教育委員会に審査請求できる</u>」と記載されていました。伯耆主事は、行政不服審査法を参照し、「4条1号どおりだから、問題ない」と、早合点してしまいました。

事例解説 行政不服審査法を見るだけでは不十分

　審査請求に関する一般的な事項は、行政不服審査法に定められています。同法4条には「審査請求をすべき行政庁」が規定されていて、上級行政庁がない場合には処分庁が審査庁（＝審査請求先）になります。教育委員会には上級行政庁はないので、伯耆主事の判断は正しいように思えます（この場合、<u>県教育委員会や市長は、上級行政庁ではありません</u>）。

　行政不服審査法1条2項が、審査請求について「他の法律に特別の定めがある場合を除くほか、この法律に定めるところによる」と規定するように、行政不服審査法はいわゆる一般法です。一般法より優先される他の法律（＝特別法）で、審査請求先を変更することが可能です。

　この事例のホースパークは、公の施設です。公の施設の利用権に関する審査請求については、特別法である地方自治法244条の4により、市長が最上級行政庁でない場合も、市長にします。伯耆主事は、行政不服審査法が一般法であることを認識し、特別法がないか調べるべきでした。

行政不服審査制度は行政機関による見直し

　行政処分に不満があり、見直してもらいたい住民は、行政不服審査制度か行政訴訟制度を利用することになります。行政不服審査制度には、審査請求、再調査の請求、再審査請求がありますが、中心は審査請求です。住民にとって、審査請求は、訴訟と比べ簡易迅速で費用が掛からないという利点があります。審理を行う審査庁は、行政機関が担当します。

審査庁には結構例外がある

　自治体の場合、上級行政庁はありませんので、行政不服審査法4条に基づき、処分庁が審査庁となります。教育委員会の場合、通常は申請拒否処分をするのも、それに不満のある住民からの審査請求を審理するのも、教育委員会です。

　しかし、ホースパークのような公の施設の利用拒否処分については、審査庁は長という特別の定め（＝例外）があります。原則に捕らわれ過ぎずに、例外はないか、よく確認する癖を付けるようにしましょう。

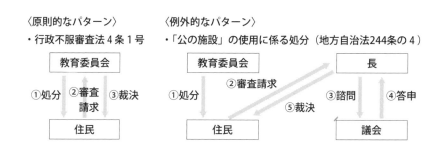

ポイント

◉審査請求先は個別法で変更されている場合があるので、要注意！
◉公の施設の利用に係る審査請求では、議会への諮問もお忘れなく！

一般法と特別法

　ある事項の全体について一般的に適用される法をその事項についての"一般法"といい、その中の一部分（特定の人、事物、行為、地域）にだけ適用される法を"特別法"といいます（『地方公務員のための法律入門〔第２版〕』松村享、ナカニシヤ出版）。特別法は、一般法に優先して適用されます。ある事項について「Ａ法が一般法、Ｂ法が特別法」ということもあれば、Ａ法の中で「Ｃ条が一般法で、Ｄ条が特別法」というケースもあります。特別法を探す手がかりとしては、「第〇条の規定にかかわらず〜」などの言葉が目印になります。

個別法による審査庁の設定

　個別法による「特別の定め」により、審査庁が原則と異なるケースとして、例えば、介護保険法183条１項は、「保険給付に関する処分（被保険者証の交付の請求に関する処分及び要介護認定又は要支援認定に関する処分を含む。）（略）に不服がある者は、**介護保険審査会**に審査請求をすることができる」と定めています。介護保険審査会という第三者機関が審査庁となり、審査請求の審理を行います。

法定受託事務に係る審査請求先

　法定受託事務についても、審査請求先の例外が定められています。

　○法定受託事務とは？
　国や都道府県が本来果たすべき役割に係る事務について、都道府県、市町村が事務処理を行っているものをいいます。国政選挙の執行や、マイナンバーカードの交付などが該当します。

　法定受託事務に係る審査庁について、地方自治法255条の２第１項は、

次のように定めています。

処分庁	審査庁
都道府県知事その他都道府県の執行機関	主務大臣
市町村長その他の市町村長の執行機関	都道府県知事
市町村教育委員会	都道府県教育委員会
市町村選挙管理員会	都道府県選挙管理委員会

　さらに、地方自治法153条2項に基づき「事務の委任」をしている場合、そのまた例外があります。長が法定受託事務に係る処分権限を補助機関や行政機関の長に委任しているケースで、長が裁決した場合には、再審査請求の途が用意されています。これは委任がなかった場合、厚生労働大臣や都道府県知事に対し審査請求できたはずであったことを踏まえ、同等の機会を保障するためのものです。例えば、生活保護法78条に基づく処分（不正受給者からの費用徴収）では、次のように整理できます。

処分庁	審査庁	再審査庁
都道府県知事	厚生労働大臣	—
都道府県福祉事務所長	都道府県知事	厚生労働大臣
市町村長	都道府県知事	—
市町村福祉事務所長	市町村長	都道府県知事

（出典）第一法規『行政不服審査法劇場審査手続研修キット』7頁

審査請求期間にも原則と例外がある

　行政不服審査法は、審査請求期間を「処分があったことを知った日の翌日から起算して3か月」としています（同法18条1項）。これは原則で、個別法で例外が定められている場合があります。例えば、消防法5条の4が同法5条1項に基づく防火対象物の所要措置命令について、審査請求期間を「命令を受けた日の翌日から起算して30日」としています。

審査請求できない
ケースに注意する

▶ 個別法による審査請求の制限

失敗事例 公職選挙法の郵便等投票証明書の交付申請

公職選挙法の郵便等投票証明書の不交付決定に対し審査請求がありました。選挙管理委員会の書記から相談を受けた伯耆主事は、行政不服審査法に従って審理を進めるよう助言しました。ところが、数日後、書記から「これって審査請求が制限されているから、審理はせずに、却下すべきなんじゃないの？」と再相談がありました。

事例解説 審査請求が制限されるケースがある

審査請求に関する一般法は行政不服審査法ですが、同法1条2項は審査請求について「他の法律に特別の定めがある場合を除くほか、この法律に定めるところによる」と規定しています。この"特別の定め"に当たる公職選挙法265条は、「この法律の規定による処分その他公権力の行使に当たる行為又はその不作為については、審査請求をすることができない」と、審査請求を制限しています。

郵便等投票証明書の交付決定ないし不交付決定は、行政処分に当たります。通常、行政処分に不服がある場合には、審査請求ができるわけですが、公職選挙法により制限されています。したがって、不交付決定を受けた申請者から「審査請求をしたい」と相談があっても、制限されていることを説明するべきであり、仮に審査請求があっても本格的な審理に入る前に、却下する必要があります。伯耆主事は、個別法により審査請求が制限されていることを知り、もっと勉強しようと決意しました。

個別法で制限されていると審査請求ができない

　公職選挙法265条は、審査請求を制限しています。選挙関係の不服申立ては、一般の行政争訟制度とは違った特別な意義や性格があり、争訟の対象・判断基準・判断機関に関し、特殊な要請や効果が必要だからです（『逐条解説 公職選挙法』黒瀬敏文・笠置隆範、ぎょうせい）。

　そのため、公職選挙法には、選挙人名簿に関する異議の申出（24条）、選挙の効力に関する異議の申出（202条）などが設けられています。しかし、郵便等投票証明書の不交付決定に関する異議の申出は設けられていないため、公職選挙法に基づき争うことができません。

　このほか、労働組合法27条の26や児童虐待の防止等に関する法律10条の５でも審査請求が制限されています。ただ、個別法で審査請求が制限されている例はそれほど多くありませんが、「行政処分＝審査請求の対象」と理解していると、「行政不服審査法に従って審理を進めてください」と間違った説明をしてしまいますので、注意しましょう。

不満を述べる住民にどう説明すべきか

　審査請求ができないことを丁寧に説明しても、納得してもらえないケースもあります。どうしても争訟制度で見直しを求めたいと主張する住民に、どう答えるべきでしょうか。公職選挙法には、行政事件訴訟法を適用除外する規定はなく、現状では取消訴訟を案内するしかありません。住民にとって裁判所は敷居が高いかもしれませんが、見直しのための唯一の手段であることを伝えれば、納得してもらいやすくなります。

ポイント

〔原則〕行政処分等公権力の行使に不服があれば審査請求できる。
〔例外〕個別法により制限されているときは、審査請求できない。

10 指定管理者がした処分の取消訴訟の被告に注意

▶取消訴訟の原則と例外

失敗事例 被告は市？ 指定管理者？ コピペで失敗

文化振興課の主任から、「文化会館を指定管理にする予定で、例規の見直しをしている。『利用不承認決定通知書』の様式に教示文がないため、整備したいが注意点はあるか？」と相談がありました。伯耆主事は、行政事件訴訟法をよく確認しないまま、「直近で作成された市営ホースパークの様式をコピペすれば大丈夫ですよ」と回答し、後日、間違っていることが分かりました。

事例解説 被告は指定管理者

行政処分に不服がある場合、住民は審査請求以外にも、行政事件訴訟法に基づき、取消訴訟により争うことができます。この場合、処分をした行政庁が所属する国又は自治体を被告として、訴訟提起するのが原則です（行政事件訴訟法11条1項）。市長のした処分であれば、被告は市、市を代表して訴訟対応に当たるのが市長となります。

指定管理者は、公の施設の利用拒否決定をする行政庁ですが、自治体には所属していません。そのため、訴訟提起するときは、指定管理者を被告としなければならないのです（同法11条2項）。

この事例で言えば、指定管理者制度を導入する文化会館の「利用不承認決定通知書」の教示文（審査請求や訴訟ができるという説明文）は、処分に不服がある場合には指定管理者を被告として取消訴訟ができる、と書く必要があります。指定管理者制度ではない自治体直営のホースパークの利用不承認決定通知書をコピペしても、正しい教示文にはなりません。

行政訴訟制度は裁判所による見直し

行政処分に不満があり、見直してもらいたい住民は、行政不服審査制度か行政訴訟制度を利用することになります。行政訴訟は、無効等確認訴訟（例：換地処分無効確認請求）や義務付け訴訟（例：高層マンション除却命令の義務付け）などがありますが、その中心は取消訴訟です。審査請求は行政機関が審査を行うのに対し、行政訴訟は裁判所が審理を行うので、公正性・中立性は高いものの、時間や費用が掛かります。

「読替規定」を設けておく

住民が取消訴訟を提起するとき、原則は自治体が被告となります。しかし、指定管理者など、処分をした行政庁が自治体に所属しない場合には、取消訴訟は当該行政庁を被告として提起しなければならないとされています（行政事件訴訟法11条2項）。

通常、指定管理者制度を導入する際、条例や施行規則に「第〇条中『市長』とあるのは『指定管理者』とする」など「読替規定」を置きます。このとき、「様式第2号（＝利用不承認決定通知書）中『保元市を被告として（訴訟において保元市を代表する者は保元市長となります。）』とある部分には、指定管理者の名称及び当該指定管理者を被告とすべき旨を記載するものとする」といったように、教示文への手当も行うようにします。これにより、誤った教示をするというミスを減らせます。また、原課の職員の中には、「なぜ指定管理者が被告になるのだろう？」と関心を持って、条文を調べるという効果も期待できます。

ポイント

◉取消訴訟の被告にも原則と例外があるので、要注意！
◉指定管理者制度を導入した場合、被告は指定管理者になる。

11 補助金の不交付決定に審査請求があったらどうするの?

▶ 補助金の法的性質

失敗事例 審査請求できないのに教示した

　以前に例規審査をした「住宅用蓄電池システム等設置補助金不交付決定書」に、本当はできないはずの審査請求や取消訴訟ができる旨の教示文が付いていたのを見落としていました。補助金の不交付決定を受けた住民は、教示文を見て審査請求をしました。伯耆主事は、審査ミスを深く反省するとともに、課長とともに住民に謝罪をすることになりました。

事例解説 補助金交付決定は行政処分ではない

　補助金の不交付決定に対して、審査請求することはできるのでしょうか?　審査請求できるのは、行政処分やその他公権力の行使に不服がある場合です。したがって、補助金の不交付決定に不服がある場合には、原則として審査請求することはできません。

　自治体が交付する**補助金の性質は、行政処分ではなく、"負担付贈与契約"**と理解されています。契約は、申込みと承諾という、当事者間の合意により成立します。住民からの「補助金の交付申請」が「申込み」、行政の「交付決定」が「承諾」に当たります。

　ただ、「補助金交付決定通知書」などと書かれていて、行政処分に関する決定通知書と見た目がほとんど変わらないため、補助金交付決定も行政処分だと思い、教示文を付ける必要があると考える原課職員が多いのも現状です。

補助金交付は"契約"

　補助金は、一般的には補助金交付規則や「○○補助金交付要綱」に基づき、交付されています。この補助金は、行政契約のひとつで、一般的には"負担付贈与契約"と理解されています。

　補助金の交付申請＝申込み、補助金の交付決定＝承諾であり、また、負担付ですので、補助金の交付条件（＝負担）が守られなかった場合には、補助金の交付決定を取り消すことが可能です。この交付決定の取消しが、契約の解除に当たります。

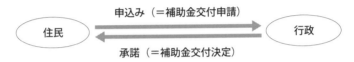

補助金の不交付決定に対して審査請求できるケース

　原則は上記のとおりですが、補助金の不交付決定に対し、審査請求できる場合もあるので、注意が必要です。要綱ではなく、条例に基づき交付する補助金については行政処分とされ（形式的行政処分と言います。）、不服がある場合、審査請求することができます（取消訴訟をするのも可能です。）。

　そのため、補助金の根拠が"条例"か"要綱"かによって、審査請求の対象となるかどうかが分かれることになります。原課職員には、ことあるたびに口をすっぱくして説明するようにしましょう。

▌**ポイント**

〔原則〕要綱に基づく補助金の不交付決定には審査請求できない！
〔例外〕条例に基づく補助金の不交付決定には審査請求できる！

12 審査請求の手続保障は十分に行う

▶ 審理手続スケジュール

失敗事例 反論書の提出期間が短すぎて苦情が来た

　審理員に指名された新任の課長から、「審査請求人に反論書を提出できると通知するんだけど、その提出期間はどれくらいにすればよいかな？」と相談がありました。伯耆主事は、「争点が明快な案件ですし、迅速な審査のためにも、1週間くらいでは？」と回答しました。ところが、審査請求人から「仕事もあるのに、締切が1週間とは短すぎる」と苦情が入りました。

事例解説 審査請求人の権利をおろそかにした

　審査請求があったとき、審理は原則として審査庁が指名する"審理員"が行います（次図）。審理員は、通常、"相当の期間"を定めて、審査請求人に反論書提出を促します。"相当の期間"は、個々の事案によって異なります。反論書の郵送に掛かる日数等も考慮すべきところ、事例では「1週間」というあまりに短い期限にしたため、失敗したのです。

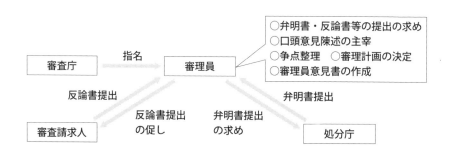

権利の行使を最大限保障する

　審査請求の審理手続の中で、審査請求人には「反論書の提出」「口頭意見陳述」「証拠書類等の提出」などの権利が認められています。審理員には、この認められている権利の行使を最大限保障して、審理手続を進めていくことが求められます。

　反論書は、処分庁から提出された弁明書に審査請求人が反論するものです。審査請求人としては、審理員に主張が認められるよう、それなりに練った反論書をつくりたいはずです。仕事や家事など審査請求人の事情も考慮し、権利行使が十分にできるような提出期限を設定する必要があります。一方で、「簡易迅速な審理」が訴訟にはない審査請求の特徴ですので、あまりに長いと、法の趣旨を没却させてしまいます。

　総務省行政管理局は、「個々の事案に応じて、2～3週間程度の期間を設定することが考えられる」との見解を示しています。審理員から相談があったときは、"2～3週間"をベースに諸事考慮の上、期間を設定するよう助言しましょう。

審理計画の作成、審理員予定者向け研修でサポート

　審査請求人に反論書作成の時間を保障するためには、審理員が審理計画を作成することが重要です。審理計画を立てるためには、審理員が行う事務を的確に把握している必要があります。法規担当としては、行政法学者に依頼するなどして審理員予定者向け研修を定期的に実施し、審理員に指名された課長などが円滑に計画を立てたり、手続を進められたりすることができるよう、体制を整備しましょう。

ポイント
◎審査請求人に認められている権利の行使を最大限保障する！
◎審理計画を立てるため、審理員予定者向け研修の定期開催を！

監査委員事務局書記は見た！

定例監査なんて、なければよいのに！

　筆者は現在、選挙管理委員会事務局書記以外に、監査委員事務局書記に併任されています。監査委員の監査の前段として、定例監査や決算審査などの予備審査を行っています。

　定例監査などの際、監査委員からあれこれ指摘を受けるので、「定例監査なんて、なければよいのに！」と不満を持つ職員が多いと感じます。自治体職員にとって、議会の委員会審査の次くらいに嫌なのが監査なのかもしれません。

補助金交付規則を無視 !?

　定例監査では、補助金交付の妥当性についても審査しています。その中で、交付手続が「補助金交付規則」に定められたルールどおりに行われているかもチェックしています。補助金交付までは、「①交付申請⇒②審査⇒③交付決定⇒④事業実施⇒⑤実績報告⇒⑥交付額の確定⇒⑦請求」の順に手続をするよう、規則に定められています。

　予備審査をして気になったケースに、原課が申請者に対し、交付申請書に添付する"事業計画書"だけ先に提出させていたことがあります。理由を尋ねると、「不備がないことを確認した後に申請を受けることにしている」と回答がありました。本来、規則のルールに従えば、不備がないかチェックするのは「②審査」の時点のはずです。また、交付決定を受ける以前に実施した事業に対し、補助金を交付しているケースも確認されました。

　法規担当は、補助金交付要綱の審査をすることが多いはずです。補助金交付のルールをしっかり押さえるとともに、ルールどおりに事務が行われるよう助言し、コンプライアンスの向上に努めたいものです。

第4章

情報公開・個人情報保護のポイント

情報公開条例だけが情報公開の全てじゃない

▶ 情報公開制度の概要

失敗事例 情報提供制度を知らなかった

> 伯耆主事は、建設業者の担当者から「ほかの自治体は、その日のうちに金入り設計書（建設工事などの金額が記載された設計書）のコピーをくれるのに、保元市は開示請求する必要がある。時間も手間も掛かる」と言われました。行政文書の開示は情報公開条例に基づく情報開示請求が全てだと思っていたため、情報提供制度の上手な説明ができませんでした。

事例解説 情報公開制度 ≠ 情報開示請求制度

　自治体が保有する情報の一層の開示を図り、公正で開かれた行政運営の実現を図ることを目的に、全ての自治体で情報公開条例が制定されています。情報公開条例は、主として「情報開示請求」に関する手続を定めています。これは、住民から開示請求（＝申請）を受け、行政が文書の開示をするものです。情報公開制度と聞くと、この開示請求を思い浮かべるのが普通です。

　伯耆主事は、「行政文書のコピーが欲しいなら、開示請求してもらうしかない」と理解していました。ただ、"情報公開制度"には、"情報開示請求制度"のほか、"情報提供制度"があります。開示請求の件数の増加を受けて、金入り設計書を情報提供制度に移行する自治体が多く見られます。

　伯耆主事は、情報公開制度の概要の理解不足があり、また、ほかの自治体の動向にもっと関心を持っておくべきだったと反省しています。

情報開示請求は「情報公開制度」のひとつ

　自治体が「説明責務」を果たし、公正で透明な行政運営を行う上で、情報の公開は重要なことです。情報公開制度の中心は情報開示請求ですが、この制度は住民からの開示請求を受けて、情報を公開するものであり、受動的な一面があります。

　自治体の"主権者"である住民が、行政運営が適正に行われているかを的確に判断できるためには、より多くの情報が公開されていることが必要です。そこで自治体が能動的に情報を公開する制度があります。「情報提供制度」と呼ばれるものです。これは、さらに狭義の情報提供制度と情報公表義務制度に区分されます（『新・情報公開法の逐条解説〔第8版〕』宇賀克也、有斐閣）（次図）。前者の例としては、一定数の自治体が行っている「金入り設計書の情報提供」、後者の例としては、地方自治法233条6項に基づく決算要領の公表が挙げられます。

　法規担当は、庁内で情報開示請求が適切に運用されるよう目配りするとともに、情報提供制度の充実に向けて庁内に働き掛けましょう。

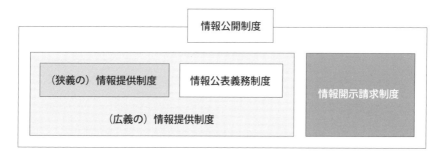

ポイント

◉情報公開制度 ≠ 情報開示請求制度

◉情報公開制度 ＝ 情報提供制度 ＋ 情報開示請求制度

情報公表義務制度の具体例

○財政状況の公表⇒地方自治法243条の3第1項

> 普通地方公共団体の長は、条例の定めるところにより、毎年2回以上歳入歳出予算の執行状況並びに財産、地方債及び一時借入金の現在高その他財政に関する事項を住民に公表しなければならない。

○人事行政の運営等の状況の公表⇒地方公務員法58条の2第3項

> 地方公共団体の長は、前2項の規定による報告（＝職員の任用、人事評価、給与、勤務時間その他の勤務条件、休業、分限及び懲戒、服務、退職管理、研修並びに福祉及び利益の保護等人事行政の運営の状況）を受けたときは、条例で定めるところにより、毎年、第一項の規定による報告を取りまとめ、その概要及び前項の規定による報告を公表しなければならない。　　　　　　　　　　　　　　（　　）内は筆者

（狭義の）情報提供制度の具体例

○金入り設計書の情報提供

　業者が今後の入札参加時の参考にしようと金入り設計書の開示請求の件数が増加したことを踏まえ、一部の自治体ではより簡易な手続により情報提供を行っています。手数料が掛かる自治体が多いようです。

○都市計画図の交付

　ほとんどの自治体で、都市計画総括図、地形図等の図面を交付しています。公共事業・学術研究等の公益を目的にする申請の場合には、無料になる自治体もあります。

マイナンバー制度

マイナンバー制度あれこれ

　2016年に本格的にスタートしたマイナンバー制度。マイナンバーとは、日本に住民票を有する全ての人が持つ12桁の番号です。社会保障、税、災害対策の3分野で、複数の行政機関等が保有する個人の情報が同一人の情報であるかを確認するために活用されています。

　以前は、分野ごとに番号が設けられているため、同一人かどうかの確認に時間が掛かっていました。しかし、分野横断的な共通の番号であるマイナンバーを導入することで、確実かつ迅速に行えるようになりました。

　なお、2021年9月1日から、デジタル庁の発足に伴い、同庁が所管しています。

法規担当として押さえておくこと

　マイナンバー制度の所管は、企画部門や住民課などで、法規担当が担当していない自治体がほとんどです。しかし、だからといって法規担当が無関心であってはいけません！

　マイナンバーが記載された通知の誤送付に関する新聞記事を目にすることがあります。マイナンバーが含まれた情報を「特定個人情報」といいます。法規担当には、特定個人情報が記載された文書の取扱いについて原課に助言・指導することが求められます。

　また、行政手続における特定の個人を識別するための番号の利用等に関する法律9条2項が、同法でマイナンバー利用事務とされているものの"類似事務"について、条例で定めることによりマイナンバーを利用できるとしています。そのため、法規担当は、マイナンバーに関する条例の制定改廃の相談を受けることもあります。

　マイナンバー制度は概要だけでも、押さえておくとよいでしょう。

原則は「開示」、「不開示」は例外

▶ 情報開示請求制度の要点

失敗事例 条例の趣旨を見失う

開示請求を受けた建設課の係長から「開示すると、ちょっと都合が悪い。何とか、不開示にする方法はないのか？」と相談がありました。伯耆主事は、「確かに公になると、市にとってまずい」と思い、ついつい「不開示情報のどれに該当させられるか、考えてみます」と言ってしまい、隣の席で聞いていた長門先輩から、待ったをかけられました。

事例解説 情報開示請求制度で不開示は例外

開示請求があって、「待っていました」と喜ぶ自治体職員は、多くないでしょう（それが好きな筆者は少数派かもしれません）。人員が削減される中、業務量は増加の一途をたどっています。そのような中、開示請求があれば、ついつい「あぁ、仕事が増えた」と思ってしまうものです。

しかし、情報公開条例の趣旨は、自治体が住民に対し説明責務を果たし、公正で民主的な行政運営を確保することにあります。情報開示請求制度の枠組みは、開示が原則で、不開示や部分開示はあくまでも例外です。伯耆主事は、このことをきちんと理解していなかったので、「どうやって不開示にしようか」と、条例の趣旨を見失ってしまいました。

開示するのが"大原則"

　情報開示請求制度の枠組みは、開示請求があった場合、原則として開示しなければならないということです。情報公開条例も、「開示請求があったときは、当該請求に係る行政文書に次の各号に掲げる情報（以下「不開示情報」という。）のいずれかが記録されている場合を除き、請求者に対し、当該行政文書を開示しなければならない」と、**「開示」が原則、「不開示」は例外**を前提としたつくりになっています。

　住民の権利利益の保護や公益の保護という観点から、「開示しないことの利益」が、「開示することの利益」よりも優先される場合に、例外的に不開示とされることをよく理解しましょう（次図）。

　「住民に見られたくないから、不開示にできないか」と相談を受けたら、どうすればよいのでしょうか。まずは、「できれば不開示したいですよね」と原課職員の気持ちを受け止めましょう。その上で、原則開示であること、「住民に見られなくない」は不開示情報に該当しないことを伝えます。そして、仕事で作成する文書は、開示請求の対象になることを踏まえ、日頃からきちんとしたものを作成するよう助言しましょう。

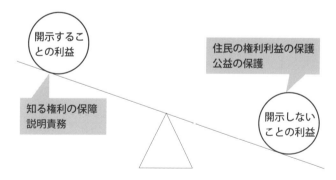

ポイント

◎情報開示請求制度の枠組みは、原則「開示」、「不開示」は例外！
◎不開示はあくまで例外という理解を原課に徹底しよう！

3 決裁前でも開示の対象になる

▶ 情報開示の対象範囲

失敗事例 不開示情報の理解不足

　教育委員会に「教科用図書の選定に関する文書一式」の開示請求がありました。該当文書の中には、決裁前の文書が複数あったため、「決裁前だから、不開示になるよね?」と質問がありました。伯耆主事は、決裁前ということは、正式決定した文書ではないから、開示できないと考え、「そうですね」と回答しましたが、後で誤りであることが分かりました。

事例解説 開示・不開示に決裁の有無は関係ない

　標準的な情報公開条例（＝情報公開法と同様の枠組み）では、開示請求の対象となる「行政文書」は、決裁が済んでいるかどうかは関係がありません（次図）。一部の自治体で決裁済みの文書のみを開示対象にしている事例はありますが、説明責務を果たすという制度趣旨を踏まえれば、決裁の有無を問題にすべきではありません。

　伯耆主事は、決裁の有無よりも、不開示情報が含まれているかを確認すべきでした。不開示情報があれば、その部分のみをマスキングし、部分開示することを説明します。今回は、不開示情報の理解不足から間違った説明を行うという失敗をしてしまいました。

標準的な行政文書の定義

①職員が職務上
{ 作成 or 取得 }
　＋
②職員が組織的に用いるものとして
　行政機関が保有

不開示情報を理解する

　不開示情報として、真っ先に思い浮かべるのは、個人情報でしょう。ただし、「個人情報＝不開示情報」ではないので、注意が必要です。標準的な条例では、「個人に関する情報で、当該情報に含まれる氏名、生年月日その他の記述等により特定の個人を識別できるもの」などを不開示情報としています。つまり個人情報であっても、それだけでは特定の個人を識別できない場合には、開示しなければならないということです。

　この事例に関連する不開示情報としては、「審議検討情報」や「事務事業情報」が挙げられます。「審議検討情報」とは、行政の内部における審議、検討又は協議に関する情報です。意思決定の過程であり、たたき台レベルの情報を開示すると、住民が混乱したり、率直な意見交換ができなくなったりするなど不利益を及ぼすおそれがある場合に不開示になります。

　「事務事業情報」とは、事務又は事業の適正な遂行に支障を及ぼすおそれのある情報です。監査、検査、人事管理などの情報のように反復される事務など、次回以降の選定作業の適正な遂行に支障があるときは、これに該当し、不開示となります。

紙媒体がなくてもデータがあれば開示しなければならない

　「決裁前で、紙媒体がないから、開示しないでよいよね？」と言う原課職員がいます。行政文書には、紙媒体に限らず、電子データも含まれます。不開示情報に該当しない限り、プリントアウトしたり、CD－Rに記録したりして開示する必要があると説明しましょう。

ポイント

◉決裁前でも開示請求の対象になることをお忘れなく！
◉紙媒体がないことは、不開示の理由にはならない。

4 大量請求は権利の濫用なのか?

▶ 情報開示請求への対応

失敗事例 開示請求権の濫用と認めてくれなかった

「総務課法規担当が令和2年度に作成した文書一式」を対象に開示請求がありました。伯耆主事は"大量請求"と考え、請求者に「もっと対象文書を絞ってください」と補正を求めました。請求者が応じなかったため、"権利の濫用"を理由に不開示決定しました。しかし、審査請求が提起され、情報公開審議会は「不開示決定を取り消す」と答申しました。

事例解説 大量請求が直ちに権利濫用とはならない

情報開示請求制度を巡っては、諸問題がありますが、中でも"大量請求"は多くの担当者の頭を悩ませています。「平成●年度に▲課が作成した文書一式」といったように、包括的に大量の行政文書が請求されます。制度上、"量的な"制限はなく、その趣旨を踏まえると「大量請求」自体が否定されるわけではありません。ただ、あまりにも大量な場合(=超大量請求、開示決定まで1年以上掛かるケースなど)や、請求対象文書が実質的に特定されないときは、開示請求権の濫用と認められます。

この事例で対象になった文書は、ガバットファイル2冊分ほどで、開示・不開示を判断するのに、60日ほど期間が必要なものでした。確かに、ただでさえ忙しい中、仕事が増えてしまうかもしれませんが、条例に基づき「開示決定期限の延長」をすれば、十分対応ができたものでした。

審議会の答申を受け、伯耆主事は、開示請求権の濫用と認められるケースをよく把握するため、もっと勉強しようと決意しました。

権利濫用禁止の原則とは

民法１条３項は「権利の濫用は、これを許さない」と権利濫用禁止の原則を定めています。この原則は、民法に定められていますが、法の一般原則とされ、住民が自治体に申請をする際にも適用されます。

住民に申請権が認められている場合であっても、申請が権利の濫用であるときは、当該申請は不適法な申請になり、申請を拒否されることになります（『行政法概説Ⅰ〔第８版〕』宇賀克也、有斐閣）。

開示請求権の濫用と認められるケース

大量請求や特定の住民が開示請求を繰り返すような場合でも、直ちに権利濫用とはならないことに注意が必要です。情報公開条例の制度趣旨を踏まえると、安易に「権利の濫用」と捉えるべきではありません。開示請求権の濫用と認められるケースは、おおむね次のとおりです（次図）。これらの点を審査基準に盛り込み、原課職員にも周知しておきましょう。

①	行政の停滞を目的とした請求と認められる場合	○開示請求するだけで閲覧しないなどの行為が繰り返される場合
		○同種の文書を繰り返し請求する場合
		○請求者の発言等から請求の目的や動機が文書開示以外に明らかにあると認められる場合
②	大量請求である場合	○超大量請求である場合
		○請求対象文書が特定されない大量請求である場合
③	開示請求によって得た情報を不適正に使用するおそれがあると明らかに認められる場合	○開示によって得た情報を基に違法な行為を行うことが明らかに認められる場合
		○特定の個人を誹謗し、中傷し、又は威圧することを目的とするなど、明らかな害意が認められる場合

（出典）総務省「情報公開制度における権利の濫用について」を基に筆者作成

ポイント

◉開示請求の対象文書について、“量的な”制限はない。
◉開示請求権の濫用と認められるケースを審査基準に定めよう！

5 不開示情報の取扱いは丁寧に！

▶ 開示手続でのミス防止①

失敗事例 マスキングでミスをした

　まちづくり推進課に「令和2年度市民公開フォーラムに関する文書一式」の開示請求がありました。参加者名簿が含まれていたので、「氏名・住所・電話番号」を不開示とし、マジックペンで黒く塗り、部分開示しました。ところが、マジックペンのインクが薄く塗りつぶせていない箇所があり、請求者から「個人情報が見えているんですけど…」と問合せが入りました。

事例解説 開示の実施段階まで目配りをする

　部分開示をする場合は、該当箇所を黒塗りしてから、開示を実施します（黒塗り作業を「マスキング」と言います）。大変地味な作業であり、筆者も300枚近くの文書をマスキングした際は、心が折れそうになりました。開示請求への対応は、法規担当が合議という形で関わる自治体が多いですが、マスキングまで確認しているところは少ないのではないでしょうか。事例でも文書の確認不足で、不開示情報が見える状態（次図）のまま開示するというミスを防ぐことができませんでした。

令和2年度市民公開フォーラム参加者名簿

No.	氏名	住所	電話番号
1	████████	████████	████████
2	選管大和	保元市中央町1番2号	0287-○○-××△△

マスキング処理の留意点

　部分開示でマスキングをする際、紙媒体であれば、不開示情報が判読できないよう、しっかり黒塗りする必要があります。マジックペンよりも黒の製本テープなどを使って開示用の文書を用意する方が安全です。

　また、電子データで開示する場合、PDFのハイライト機能でマスキングしても、簡単に外すことができてしまいます。手間は掛かるかもしれませんが、プリントアウトし、紙媒体でマスキング処理したものをスキャンして開示すると、開示手続での思わぬミスを防ぐことができます。

　法規担当は、マスキングの手法の例を庁内に周知するとともに、開示前に原課で複数人によるチェックを行うよう助言しましょう。

【不適切なマスキング例】

（出典）総務省「不開示情報を含む行政文書を電子的に開示等する際の留意点について」を基に筆者作成

公開済み文書を不開示にするミスにも注意

　それから、公開済みの文書を不開示扱いにするミスや、同様の文書を「A課は以前に開示したが、今回B課で不開示にした」というミスもありがちです。法規担当が、年度ごとに開示した文書一覧を作成し、庁内で共有するなど統一的対応を取れるようしましょう。

ポイント

◉不開示情報が判読できないよう、適切にマスキング処理を！
◉庁内で統一的に開示・不開示の判断ができるよう、情報の共有を！

6 メールも開示の対象になる

▶ 開示手続でのミス防止

失敗事例 組織共用性の判断に迷ってしまった

> 屋外広告物の規制について県から保元市に権限が移譲されました。この経過を詳しく知りたい住民から、「県から提供された資料（メールを含む）」の開示請求がありました。伯耆主事は、担当の都市計画課から「メールは個人で扱うものだし、開示対象じゃないよね？」と質問されましたが、「行政文書に該当するのでは…」と思ったものの、確信が持てず言葉に詰まりました。

事例解説 メールも行政文書に該当する

「県の担当者から送付された電子メール」は、行政文書に該当するのでしょうか？　この事例では、権限移譲の協議の中で、県と保元市都市計画課の担当者が、県条例や審査基準の解釈についての「質疑」をメールでやり取りしていました。メールの内容は、屋外広告物条例をつくる上で重要なものであったため、都市計画課のほかの課員や法規担当の伯耆主事にも転送されていました。

開示請求の対象になる「行政文書」とは、「①職員が職務上作成し、又は取得した文書、図画及び電磁的記録で、②職員が組織的に用いるものとして③行政機関が保有しているもの」のことです。事例では、メールを職務上取得していて、①を満たします。また、市の電子メールシステムに保存されているので③を、メールを転送し複数の課員で参照するなど組織的に利用しているので②も満たし、行政文書に該当するため、開示の対象となります。

"組織共用性" が認められればメールも開示対象

　法務に限らず、自治体実務において業務の円滑な実施に「電子メール」は不可欠なものです。テレワークが普及した昨今、電子メールはより活用されるようになりました。

　メールは便利ですが、職務中に送受信しているものです。中には、重要な内容のものもあり、住民が「知りたい」と開示請求するケースもあるでしょう。その際、重要なポイントが"組織共用性（＝②の要件）"です。電話や口頭と同レベルの事務連絡や挨拶程度であれば、個人間のやり取りに留まります。しかし、外部からの通知や交渉記録であれば、ほかの職員に転送したり、プリントアウトして組織内で回覧したりするので、組織共用性が認められる可能性が高いです。担当者によって判断がバラバラにならないように、情報公開条例の審査基準には、メールも開示対象になり得ることを明記しておくとよいでしょう。

　法規担当は、原課職員にメールも開示対象になる場合もあるので、緊張感を持って送受信するよう助言するようにしましょう。

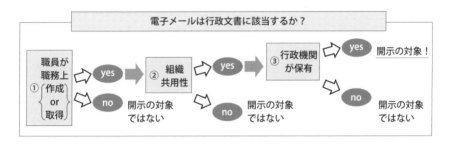

ポイント

◉ "組織共用性" を正しく理解し、ミスを防止しよう！
◉ 審査基準には、メールも開示対象になることを明記しよう！

一対一のメールでも組織共用性がある？

「上司やほかの職員にメールを転送している場合、組織共用性が認められる」ということは、原課職員でも理解できます。しかし、一対一のメールで、転送やプリントアウトをしていないケースについては、判断が分かれるのではないでしょうか。

A市長と職員間の一対一の庁内メールについての開示請求に関し、当該庁内メールは、2人の間の送受信にとどまるもので、組織共用の実態を備えていないため、A市長が不開示決定をした事案があります。しかしこの事案では、裁判所は次のような理由から、組織共用性を認めています（大阪高判平成29年9月22日判時2379号15頁）。

○　一対一メールであっても、メールは送信者及び受信者のそれぞれによって個人用メールボックスに保有されることになり、一方当事者のみが保有するにすぎない個人的なメモと同視することができない。

○　一対一メールであっても、メールであるから、その作成及び利用についてA市長及び控訴人の職員が送信者又は受信者として関与しており、送信者及び受信者の個人用メールボックスに保存されているものであって、その一方当事者の判断によって廃棄しても、他方のメールボックスには保存されている状態にあるから、一方当事者の廃棄の判断に委ねられているということはできない。本件文書が組織として保有するものに該当することも十分あり得るというべきである。

○　A市長と職員との間でやり取りされた一対一メールは、これが廃棄されていないとすれば、組織において業務上必要なものとして利用又は保存されている状態にあるものということができる。

組織共用性の有無の分かれ道

　しかし、一対一メールについて、常に組織共用性が認められるわけではありません（このことは、先ほどの大阪高裁の判決文にも示されています。）。市道改良に関する町内会長と職員とのメールについて、電話での対応と同じ意識で個人として作成・送信されたものは、サーバーに保存されていても、組織共用文書には当たらないとされたケースもあります（岡山市情報公開及び個人情報保護審査会・平成18年10月27日答申第48号）。

　メールに組織共用性が認められるかどうかは、次のように整理できます。開示請求があったときは、個々のメールの内容や利用実態などを聞き取りながら、組織共用性の有無について検討するようにしましょう。

認められる例

職権や職責に基づいて送受信した
・業務命令（課長から課員へ業務内容を指示するメールなど）
・通知（会議の開催に関するメールなど）
・報告（団体の活動について報告など）
・照会回答（通勤車両照会への回答など）
・外部との交渉記録（委託業務の進捗管理について業者とやり取りしたメールなど）

組織共用文書

認められない例

電話や口頭と同レベルの一過性の意思伝達を内容とする
・事務的な連絡や挨拶（研修の集合時間の連絡など）
・参考として個人的な意見や考えを伝えるもの

（出典）大阪市「メールの情報公開と日常取扱い」を基に筆者作成

7 プロポーザルの提出書類に開示請求があったらどうする?

▶ 不開示情報の範囲

失敗事例 法人の権利・競争上の地位の理解不足

> 企画課では総合計画の策定の支援業務の契約先を公募型プロポーザル方式で実施しました。契約候補者にならなかった会社から、応募した5者の提出書類について開示請求がありました。相談を受けた伯耆主事は、「従業員名と印影以外は開示で問題ない」と回答しました。ところが、同じく落選した別の会社から「開示しないでほしい」と連絡が入りました。

事例解説 法人の権利を害するおそれがある情報は不開示

プロポーザル方式（プロポ）とは、業務の委託先を選定する際に、複数の者から企画を提案してもらい、優れた提案を行った者と契約することを言います。事例では、5者が応募し、業務実施体制図、履行実績、企画提案書、見積書及び内訳書が提出されました。

選考で落選した会社は、次回のプロポの参考にしたいと思い、契約候補者となった会社と、落選した他社の提出書類を開示請求しました。伯耆主事は、業務実施体制図の従業員名と、見積書の法人印の印影は悪用のおそれがあるため不開示にすべきだが、法人情報は開示が原則のため企画提案書は「公にしても法人には、特に不利益はない」と考えました。しかし、企画提案書には、創意工夫が盛り込まれています。また、見積書や内訳書からは、経営上の強みや弱点を読み取ることもできます。法人の権利・競争上の地位その他正当な利益を害するおそれがあり、不開示が妥当です。伯耆主事は、この点の理解が不十分でした。

不開示になる法人の情報を正しく押さえる

　標準的な情報公開条例の法人情報の取扱いは、開示が基本です。そして、①権利、競争上の地位その他正当な利益を害するおそれがあるもの、②行政機関の要請を受けて、公にしないとの条件で任意に提供されたもののどちらかに該当する場合に不開示とする枠組みです（次図）。

　この事例で言えば、選考に落選したことが開示されれば、法人の社会的評価の低下を引き起こすおそれがあります。また、企画提案書や見積書は、経営上のノウハウに関連するものです。落選者の「権利、競争上の地位その他正当な利益」を害するおそれが高く、不開示とするのが妥当です。

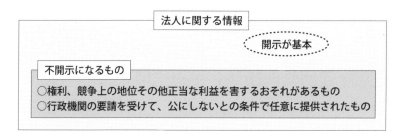

受託者の情報の取扱いは？

　それでは、受託者（契約候補者）の企画提案書や見積書の取扱いはどのようになるのでしょうか？　委託者は、提出した企画提案書や見積書などに基づき支援業務を行います。そのため、開示してもA社は不利益を被ることはないでしょう。また、支援業務について、住民に対する"説明責務"があることを踏まえると不開示にするのは妥当ではありません。

ポイント

◉法人の情報は開示するのがキホン。
◉不開示になる場合の法人情報を正しく押さえよう！

8 閲覧・縦覧制度との関係を整理する

▶ 情報公開条例と他の制度の関係

失敗事例 写しの交付は情報公開条例の対象だった

> 選管の書記から「住民から選挙運動費用収支報告書の写しが欲しいと相談があった。公職選挙法は閲覧しか規定していないから、写しの交付は対象外だよね？」と質問がありました。伯耆主事は、「（公選法が情報公開条例の特別法だから、優先適用される…）お見込みのとおりです」と回答しました。しかし後日、誤りだと分かり、急いで写しを用意することになりました。

事例解説 個別法と情報公開条例は並行して適用

　情報公開条例は文書の開示（＝閲覧、写しの交付）について規定していますが、個別法にも行政文書の開示が規定されている場合があります。例えば、公職選挙法192条4項が、選挙運動費用収支報告書の閲覧について規定しています。

　個別法に文書の開示について規定がある場合、個別法の規定と情報公開条例は、相互排他的なものでなく、両者の規定が並行して適用されます（『新・情報公開法の逐条解説〔第8版〕』宇賀克也、有斐閣）。つまり、個別法と情報公開条例は、互いに補い合っているのです。個別法に「閲覧」と「写しの交付」の規定があれば、情報公開条例の出番はありません。しかし、個別法が「閲覧」のみ規定し、「写しの交付」の規定がない場合には、住民は条例に基づいて「写しの交付」を請求することができます。伯耆主事は、個別法の文書の開示制度と情報公開条例との適用関係の理解不足で、誤った回答をしてしまったのです。

個別法の開示制度との調整を行う

　情報公開条例には、個別法の開示制度との適用関係を調整する規定が設けられています（例：仙台市情報公開条例16条）。この調整は、個別法の中でも何人に対しても開示するとされている場合に限ります。請求権者が限定されている場合には、調整の対象になりません。個別法では、「閲覧」の規定があるものは多いですが、「写しの交付」はほとんどありません。個別法に閲覧しか定めがない場合に写しの交付を希望するのであれば、情報公開条例に基づき開示請求しなければなりません（『公務員の法的トラブル予防＆対応 BOOK』米津孝成、学陽書房）。

選挙運動費用収支報告書のケース

　事例のような選挙運動費用収支報告書の場合、選挙管理委員会が報告書を受け付けた日から３年間は、誰でも閲覧することができると公選法に定められてます。しかし、報告書に添付された「領収書」については、「閲覧」と「写しの交付」について何も規定がありません。公選法と情報公開条例の適用関係は次のように整理できます（次表）。

　ほかの文書でも同様に個別法が優先して適用されるケースがあります。法規担当は、個別法による開示制度を念頭に置き、情報公開条例の適用関係をよく整理してから、原課に助言しましょう。

	閲　覧	写しの交付
選挙運動費用収支報告書	受付後３年間　公選法	情報公開条例
	上記以降　情報公開条例	
領収書	情報公開条例	情報公開条例

ポイント

◉開示制度を定めているのは、情報公開条例だけではない。
◉個別法の開示制度と情報公開条例の関係をきちんと整理しよう。

個別法による開示制度の例

●公職選挙法192条 4 項（報告書）

> 何人も、前項の期間内においては、当該選挙に関する事務を管理する選挙管理委員会（略）の定めるところにより、報告書の閲覧を請求することができる。

●道路法28条 3 項（道路台帳）

> 道路管理者は、道路台帳の閲覧を求められた場合においては、これを拒むことができない。

●都市計画法47条 5 項（開発登録簿）

> 都道府県知事は、登録簿を常に公衆の閲覧に供するように保管し、かつ、請求があつたときは、その写しを交付しなければならない。

●都市公園法17条 3 項（都市公園台帳）

> 公園管理者は、都市公園台帳の閲覧を求められたときは、これを拒むことができない。

●建築基準法93条の 2 （建築計画概要書）

> 特定行政庁は、確認その他の建築基準法令の規定による処分並びに第12条第 1 項及び第 3 項の規定による報告に関する書類のうち、当該処分若しくは報告に係る建築物若しくは建築物の敷地の所有者、管理者若しくは占有者又は第三者の権利利益を不当に侵害するおそれがないものとして国土交通省令で定めるものについては、国土交通省令で定めるところにより、閲覧の請求があつた場合には、これを閲覧させなければならない。

何人型　～情報公開条例の開示請求権

開示請求権は住民だけのもの？

　筆者が法規担当になった当時、那須塩原市情報公開条例は開示請求権を市民や市内への通勤・通学者などに限って認めていました。「広義の住民型」と呼ばれるタイプです（なお、開示請求権を住民のみに認めるタイプを「狭義の住民型」と言います。）。

　ただ、行政機関の保有する情報の公開に関する法律（情報公開法）は誰にでも開示請求権を認めています（何人型）。また、ほかの自治体を調べてみると、情報公開法と同様に「何人型」のところが多数派でした。開示請求権について、「広義の住民型」を維持した方がよいのか、それとも「何人型」に改正すべきなのか、しばらく悩むことになりました。

住民等に限定する理由はあるのか？

　情報公開条例を制定した当時は、「広義の住民型」とすることに、それなりに理由があったのかもしれません。ただ、行政活動の広域化や情報化は進展しており、自治体行政に関心や関わりを持つのは、住民だけではなくなっています。また、A市では「何人型」で隣のB市は「広義の住民型」の場合、B市民はA市に開示請求できますが、A市民はB市に開示請求できず、自治体間の協調という点から、望ましいとは言えないでしょう。この場合でも、どうしてもB市の「○○」という文書を開示してもらいたいA市民は、知り合いのB市民をダミーとして立てれば、事実上開示請求が可能となり、あまり意味のある制限ではありません（『行政法解釈学Ⅰ』阿部泰隆、有斐閣）。

　こうしたことを踏まえ、那須塩原市では2017年9月議会に情報公開条例の一部改正議案を提出し、「何人型」に改正しました。

9 安易な「目的外利用（提供）」は NG！

▶ 個人情報の庁内共有

失敗事例 なぜあなたが知ってるの？ と住民から苦情

保育料の算定のため、こども課では福祉課から定期的に児童扶養手当受給者リストの提供を受けています。伯耆主事は、受給者の住民から「私の知らないところで個人情報が共有されている。違反ではないか」と苦情を受けました。伯耆主事が「庁内で共有する分にはよいのでは」と返答に困っていると、「個人情報保護はどうなっているの！」と怒られました。

事例解説 目的外利用のルールの徹底が不十分

自治体が様々な業務を行っていく上で、"個人情報"を収集し、保有するのは付きものです。原則として、利用目的以外のために、保有する個人情報を利用したり、提供したりすることは制限されます。児童扶養手当事務の実施のために収集した個人情報は、児童扶養手当事務の実施のためにのみ利用するのが原則です。

この事例では、福祉課が児童扶養手当事務の実施のため保有している個人情報をこども課に渡しました。これは、"目的外利用"に当たります。こども課は、児童扶養手当を受給しているか、原則として本人に直接聞く必要があります。しかし、担当者の間のみのメールのやり取りで情報が渡されていたため、組織的な対応としてどんな経緯があったのか不明であるなど、安易に目的外利用されていたことが分かりました。

伯耆主事は、この事例を通し、庁内における個人情報の適切な取扱いについて、徹底していかなければならないと決意しました。

個人情報の庁内共有も目的外利用・提供

　残念なことですが、自治体が保有する個人情報が漏えいしたというニュースを目にすることが絶えません。単なる人為的ミスから故意による持出しまで、枚挙にいとまがありません。個人情報は、適切に取り扱わなければ、住民からの信頼を損なうことになります。

　個人情報保護法制の基本的枠組みとして、個人情報を収集したときの収集目的以外の目的に保有個人情報を内部で利用したり、外部に提供したりすることが制限されています。しかし、それでは事務の円滑な執行に支障があるため、一定の事由に該当すれば、例外的に保有個人情報の目的外利用・提供をすることができます。例えば、「本人の同意があるとき、又は本人に提供するとき」「法令に定めがあるとき」「本人以外の者に提供することが明らかに本人の利益になると認められるとき」などです。

　なお、個人情報保護法制上、保有個人情報を首長部局のA課からB課に渡すことが「利用」に、教育委員会事務局のZ課に渡すことは「提供」に当たるので、注意しましょう（次頁参考資料参照）。

目的外利用・提供をする際の留意点

　目的外利用・提供は、あくまでも例外的に認められる取扱いです。したがって、庁内であっても別の部署に個人情報を渡す際は、担当者間だけでやり取りするのは適切ではありません。法規担当は、原課に対し、目的外利用・提供のどの事由に該当するのかを明らかにした上で、課長等の決裁を受けるなど、きちんと記録を残すよう指導するとよいでしょう。

ポイント
- ◉個人情報の適切な取扱いについて、庁内に徹底しよう！
- ◉保有個人情報の目的外利用・提供は一定の事由があれば可能。

保有個人情報の目的外利用・提供のイメージ

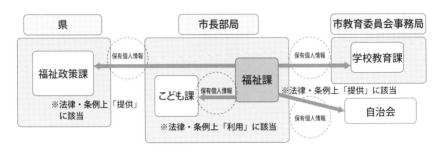

　目的外利用・提供に際しては、首長部局の内部の話であっても、担当者間だけで判断するのは適当ではありません。上記の例では、こども課長から福祉課長に目的外利用をしたい旨の依頼通知をし、福祉課で課長決裁を受けてから情報の授受を行うなど、適切な手続を取るべきです。

目的外利用・提供ができる事由
～那須塩原市個人情報保護条例の場合（5条）

①本人の同意があるとき、又は本人に提供するとき。

②法令に定めがあるとき。

③出版、報道その他これらに類する行為により公にされているとき。

④個人の生命、身体又は財産の安全を守るため緊急かつやむを得ないと認められるとき。

⑤専ら学術研究又は統計の作成のために利用し、又は提供するとき。

⑥本人以外の者に提供することが明らかに本人の利益になると認められるとき。

⑦前各号に定めるもののほか、実施機関が審査会の意見を聴いて特に必要があると認めたとき。

自治体ごとに目的外利用・提供の判断が分かれる？

　同一の個人情報の目的外利用・提供について、自治体によって判断が分かれることがあります。新型コロナウイルス感染症の自宅療養者の氏名、住所などの個人情報について、34都府県において市町村に伝えられていませんでした。このため、市町村では自宅療養者がどこにいるのか分からず、必要な支援ができませんでした（2021年9月3日読売新聞）。

　提供している13道県でも、目的外提供に際して本人から同意を取っているようです。通常、個人情報保護条例には「**個人の生命、身体又は財産の安全を守るため緊急かつやむを得ないと認められるとき**」という目的外利用・提供の事由があります。この事由に当たらないと判断した例が多いようですが、自宅療養者が相次いで自宅で亡くなっていたことを踏まえると、妥当な判断だったのか、検証が必要なのではないでしょうか？

一元的な解釈運用へ　～改正個人情報保護法～

　デジタル社会の形成を図るための関係法律の整備に関する法律50条及び51条による「個人情報保護法」の改正により、従来、国の行政機関、独立行政法人等、地方公共団体、地方独立行政法人についての「規律」で対象ごとに分かれていたもの（いわゆる"2000個問題"）を、個人情報保護法に一覧的に規定することになりました。公布の日（2021年5月19日）から2年以内に施行されるため、2023年春頃までに、自治体もこの新法制下に組み込まれ、既存の個人情報保護条例の改正や廃止をすることになります。

　また、個人情報保護委員会が一元的に個人情報保護法の「規律」を解釈運用するため、新法の下では、自治体間で目的外利用・提供についての判断が割れるということは、少なくなると考えられます。

10 住民基本台帳のデータの 提供は慎重に

▶個人情報取扱いの注意点

失敗事例 審議会へ諮問すべきだった？

通信指令システムで利用するため、消防組合から防災対策課に全ての住民基本台帳データの提供依頼がありました。「個人情報の目的外提供では？」と防災対策課から相談を受けた伯耆主事は、「明らかに住民本人の利益になるから、提供できる」と答えました。しかし、決裁の途中で総務課長から「"明らかに"とは言えない。審議会に諮問すべき」と助言を受けました。

事例解説 事由に該当するかは審議会に諮問を

　個人情報の目的外利用・提供の事由の１つに、「本人以外の者に提供することが明らかに本人の利益になると認められるとき」が規定されています（デジタル社会形成整備法による改正個人情報保護法の69条２項４号にも規定あり）。

　この事例では、保元市から一部事務組合（＝複数の自治体が、事務の一部を共同して処理するための組織。構成する自治体とは、別の法人）である消防組合に全ての住民基本台帳データを提供することが、この事由に当たるかどうかが問題になりました。伯耆主事は、消防・救急業務がスムーズになるため、「明らかに本人の利益になる」と考えました。しかし、消防・救急のお世話になるのは、住民の１割未満です。９割近くの住民にとっては、利益になりません。そのため、提供する住民データの範囲やその取扱いなどを明確にし、目的外提供が妥当かを個人情報保護審議会に諮問することが適切だと、課長から助言があったのです。

審議会への諮問で慎重に判断する

「住民基本台帳」は、住民の居住関係の公証、選挙人名簿の登録その他の住民に関する事務の処理の基礎とするための制度です（住民基本台帳法1条）。この目的以外に利用・提供する場合は、法令に定めがある場合を除いて、個人情報の目的外利用・提供に当たります。

住基法1条からは、消防・救急業務のため「通信指令システム」に住民基本台帳を利用できると読み取ることができません。そのため、市町村から消防組合への提供は目的外となり、目的外提供の事由のどれかに該当する必要があります。しかし、恩恵を受ける住民は一部に限られるため、「明らかに本人の利益になる」と断定するのは難しいでしょう。

そこで、個人情報保護審議会に諮問の上、「高い公益性」があることを説明し、目的外提供することが妥当との判断を受けるべきなのです。"原則""例外"の関係から、より慎重な手続を取った方が適切です。

なお、改正個人情報保護法においても、条例で定めるところにより、自治体が設置する個人情報保護審議会へ諮問することができるとされています（改正法129条）。

目的外利用・提供の状況の公表

ただ、個人情報の目的外利用・提供は、あくまでも例外的なものです。"例外"が原則化しないよう、法規担当が年度ごとに、庁内における目的外利用・提供の状況を取りまとめるとよいでしょう。そして、公式ホームページで公表するなど、原課に緊張感を持ってもらうことが大切です。

ポイント

◉疑問が残るときは、審議会へ諮問することで、より慎重な判断を！
◉個人情報取扱いの"原則"と"例外"が逆転しないよう注意！

テレワークをするときの留意点

テレワークの広がり

　コロナ禍で「テレワーク」が飛躍的に広がりました。総務省ホームページによると、テレワークの主な形態には①在宅勤務、②モバイルワーク、③施設利用型勤務（サテライトオフィスなど）があります。

　テレワークは民間企業だけでなく、コロナ禍において自治体にも広がり、テレワーク用パソコンの整備が進められました。

テレワークのルールの遵守

　在宅勤務をする際、テレワーク用の端末や紙媒体の文書、業務情報を記録した USB メモリを持ち帰ることがあります。これらは、"情報資産"であり、漏えいしないよう厳重に取り扱う必要があります。時々、「公務員が個人情報の記載された文書を紛失した」というニュースを耳にします。テレワークの普及によって、情報資産の紛失などのリスクが高まっています。そのため、テレワークについてのルールをつくり、職員に遵守してもらう必要があります。

【ルールの一例】

○原則として業務用のパソコンは外部に持ち出さない。テレワークで
　必要なときは、所属長の承認を得てから持ち出す。
○個人が所有するパソコンに業務上のデータを保管しない。
○ USB メモリや CD-R には個人情報を記録しない。
○電車の網棚にテレワーク用端末等が入ったカバンを置かない。

第5章

文書作成・管理の
ポイント

決裁の意味と 流れを押さえる

▶文書事務の流れ

失敗事例 文書事務のルールを答えられず信用が落ちる

農務課の主事から、「市長名で通知するのに、なぜ部長までしか決裁を受けないんですか？　市長にハンコをもらうべきでは？」と質問がありました。伯耆主事は、「前からそうだし、全部市長に見てもらうわけにはいかないよね？」と答えました。「『前からそうだ』は、理由にならないですよ」と主事に突っ込まれ、伯耆主事は言葉に詰まりました。

事例解説 専決＝内部的に意思決定権だけを委ねるもの

ある事案について、決定権限のある者の意思決定行為を"決裁"と言います。通常、決定権限は自治体の長にあることがほとんどです。しかし、地方自治法153条に基づき、長から福祉事務所長に事務を委任しているような場合には、決定権限は福祉事務所長にあります。この場合、生活保護の開始決定通知は、福祉事務所長名で行います。

ほとんどの決定権限が長にあるとはいえ、長が全てを判断するのは現実的に不可能です。そこで、"専決"という手法が活用されています。**専決とは、決定権限は長に残したまま、内部的に意思決定権だけを副市長や部長などに委ねるものです。**

事例は、"部長専決"とされたものです。部長の"決裁"を受ければ、意思決定行為が完了し、市長名で通知することができます。伯耆主事は、"専決"をよく分かっていなかったため、「前からそうだから」と苦しい説明しかできず、主事から鋭い突っ込みを受けてしまったのです。

文書事務の流れをつかむ

　「文書事務」とは、文書の受領又は作成から廃棄に至るまでの一連の事務のことです。文書を作成する場合、<u>①起案⇒②回議・合議⇒③決裁</u>の順に手続が進みます（次図）。

　「起案」とは、自治体の意思決定の準備手段として、担当者が案文を作成することを言います。「回議」とは、起案文書を直属の課長など上司に回付し、その承認を受けることです。また、「合議」とは、決裁に際して、起案文書を関連部署に回付し、意見や同意を求めることです。

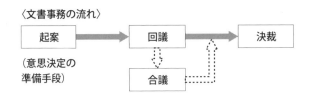

専決事項を把握する

　どの自治体でも、専決事項の多くが決裁規程で決められています。財務関係では科目ごとに、支出負担行為の額が1,000万円以下は副市長、500万円以下は部長、80万円以下は課長などと専決区分が細かく定められています。

　文書事務を統括している法規担当には、原課から起案方法やどこまで決裁を受ければよいかと相談があります。専決事項・専決区分を把握し、的確に助言できるようにしましょう。

ポイント

◉ "事務の委任" と "専決" との違いを押さえよう！
◉ 専決事項・専決区分を把握し、原課に的確な助言をしよう！

2 合議が終わっているか確認する

▶文書事務のミス防止①

失敗事例 決裁規程を見てるだけでは、ダメだった…

　福祉課から総務課に助成金交付条例の起案文書が合議に付されました。伯耆主事は気に留めることなく、総務課内の合議を済ませ、福祉課と総務課の押印のみで保元市長決裁を受けました。その後、議会提出の段階で、財政課長から「助成金のことなのに、うちは話を聞いていないぞ！」と指摘があり、必要な"合議"が済んでいないことが分かりました。

事例解説 いろいろな例規を見る必要がある

　決裁に当たって、起案文書を関連部署に回付し、意見や同意を求めることを「合議」と言います（"ごうぎ"が正しい読み方ですが、自治体の現場では専ら"あいぎ"と呼ばれています。）。合議すべき事項と合議先については、自治体の決裁規程に定められていることがほとんどです。

　伯耆主事も、保元市の決裁規程をよく参照していました。しかし、その中には助成金交付条例のように、財務に関する例規の起案文書については、合議が必要と定められていなかったため、財政課への合議がないことを気にも留めなかったのです。

　しかし、合議すべき事項は、決裁規程だけに定められているわけではありません。保元市財務規則には、「財務に関する条例、規則、規程等の制定又は改廃に関すること」は財政担当課長を経て総務部長に合議しなければならないと規定されています。伯耆主事は、個別の例規に合議事項が定められていることを知らなかったため、失敗してしまいました。

義務的合議と任意的合議

　合議には、決裁規程や財務規則などにより、特定の部署に合議することが義務付けられている場合があります（例：後援名義使用承認事務取扱要綱、表彰条例施行規則など）。一方、例規上は義務付けられていないものの、円滑な事務執行のため関係部署に任意で合議する場合もあります。

　義務的合議であれば、それは必要不可欠な手続であるため、遺漏なく行う必要があります。任意的合議であれば、その都度、合議の必要性はあるか、必要な場合にはどこまで合議するか、適切に検討する必要があります。合議先を広げると事務が停滞しますが、あまりに省略してしまうと円滑な事務執行の支障になるので、バランスが必要です。

法規担当の合議の順序は最後

　法規担当に合議される起案文書は、「例規の制定改廃」「議案」「開示請求に対する決定」が多数を占めます。「例規の制定改廃」「議案」で、財務に関するものは、財務規則により財政担当課への合議が義務付けられているのが通例です。

　なお、合議の順序は法規担当を最後にしてもらうのが望ましいでしょう。そうすれば、必要な合議が済んでいるか確認でき、合議が終わっていないなどのミスを防げます。

ポイント

◉合議事項は、決裁規程だけに定められているわけではない！
◉合議には、「義務的合議」と「任意的合意」がある！

起案、回議・合議、決裁の詳細な流れ

　起案者が係員の場合、市長までボトムアップで回議し、決裁を受けます。課長が出張などでしばらく不在のときは、「後閲（＝後で確認を受ける）」といって、飛ばすこともあります。

　必要に応じて「合議」をしますが、任意的なものの場合、適切な部署に合議できるよう、日頃から他部署の仕事を把握しておくとよいです。

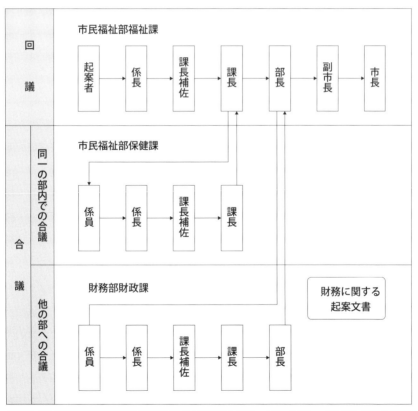

（出典）茨城県総務部総務課法制研究会編『文書事務の手引』（ぎょうせい、2014年）52頁を参考に筆者作成

決裁規程以外の例規で定められている "合議事項" の例

○那須塩原市財務規則（平成17年規則第50号）

（合議事項）
第4条　部長等及び課長等（以下「部課長等」という。）は、次に掲げる事項については、財政担当課長を経て総務部長に合議しなければならない。
(1)　財務に関する条例、規則、規程等の制定又は改廃に関すること。
(2)　新たに予算措置を必要とする計画に関すること。
(3)　国庫支出金及び県支出金に係る計画の提出に関すること。
(4)　後日又は後年度において、収入及び支出の増減変更を生ずる見込みのある事項
(5)　前各号に定めるもののほか、財務に関する重要な事項

○江東区後援名義使用承認事務取扱要綱（平成12年江総総発第134号）

（決裁区分）
第7条　後援名義の使用承認は、関連する所管課において起案する。この場合において決裁区分は、副区長決裁とする。
2　前項の場合においては、総務部長に合議する。

○春日市表彰条例施行規則（昭和63年規則第8号）

（賞状又は感謝状）
第10条　条例第15条の規定に基づき賞状又は感謝状を授与しようとするときは、関係所属長は、総務課長に合議の上、市長の決裁を受けなければならない。
2・3　（略）

3 受付印をお忘れなく

▶ 文書事務のミス防止②

失敗事例 受付印の省略で住民が迷惑

> 福祉課の主査から、「申請日と受付日が同じなら、受付印を押さなくても構わないの？」と質問がありました。伯耆主事は、受付日を間違いようがないので問題ないと思い、「そうですね」と答えました。しかし、回答が独り歩きし、福祉課では受付印を省略するようになり、申請日が未記入の申請書を期限までに決定できず、申請者から苦情が入りました。

事例解説 収受した文書には受付印を押すのが原則

標準的な文書取扱規程（文書管理規程）には、文書主管課から原課に文書が配布された際は、「当該文書の余白に受付印を押印しなければならない」と規定されています。刊行物や挨拶状、行政内部の文書など軽易なものの場合には、受付印の省略が認められているケースもありますが、収受した文書には受付印を押すのが原則です。したがって、申請日と受付日が同じだから、受付印を押さなくても構わないということにはなりません。

許認可などを求める「申請」については、行政が申請を受けても審査を開始せず放置することがないようにするため、申請が役所の窓口に到達してから決定するまでの標準的な期間（＝「標準処理期間」といいます。）が定められています。申請書が郵送で届いた場合、申請書に記載された日付と到達日とが異なります。そのため、受付印を押印して、標準処理期間の起算点を明確にしておくべきなのです。

受付印のメリットは起算点の明確化

　行政は、収受した文書を法令に従って処理しなければなりません。申請のように、標準処理期間が定められている場合は、期限までに決定できるよう、事務を行う必要があります。文書の到達の要件として、受付印の押印が必要ということではありません。しかし、受付印を押すことで、標準処理期間の起算点が明確になるというメリットがあります。

　また、業者などから請求書を収受した際の受付印も漏れやすいので注意が必要です。契約書で支払の時期を定めていない場合、政府契約の支払遅延防止等に関する法律10条が適用され、請求の日から15日以内に支払わなければなりません。自治体が遅延利息を払う事態にならないためにも、受付印を必ず押すよう、原課に指導・助言しておくべきです。

補助執行している事務の受付印は？

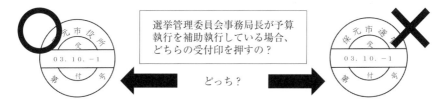

　地方自治法180条の2に基づいて、長が行政委員会の事務局職員に予算執行を補助執行させている場合、受付印はどちらを押したらよいのでしょうか？　この場合、選挙管理委員会事務局長があくまでも長の権限に属する事務を肩代わりしているわけであり、筆者は「市役所の受付印を押すべき」と助言しています。

> ### ポイント
> ◉収受した文書には、必ず「受付印」を押すよう指導しよう！
> ◉受付印を押すことで、決定期限を意識した事務処理が可能に！

4 この文書、分かりにくいよ! と言われないために

▶文書作成指導①

失敗事例 読む人のことを考えず、クレームになる

伯耆主事は、同期で総務課研修担当の大和主事から「庁内に研修についての文書を出す前に、『てにをは』とかのチェックをしてよ」と頼まれ、添削しました。しかし、添削漏れが多く、「文書の内容がよく分からない」と受講予定者から問合せが相次ぎました。そのため、「伯耆君にチェックしてもらったのに、クレームがきたじゃないか!」と文句を言われました。

事例解説 法規担当は文書作成のプロを目指す

法規担当は、原課から文書の「てにをは」などをチェックしてほしいと頼まれることがあります。また、新規採用職員を対象にした"文書事務研修"の講師を法規担当が務めることも多いです。したがって、法規担当は、公用文のルールに精通するとともに、自身も分かりやすい文書を作成できるよう、努めなければなりません。

今回、伯耆主事がチェックしたのは、「職員研修受講者の推薦について」という文書です（152頁参考資料）。送り仮名の付け方や補助動詞を漢字で書くミス、「推薦書は、〜提出してください」と書かれた直後に「推薦書を提出してください」といった記載の重複を見落としていました。

文句を言う前に、大和主事も分かりやすい文書を作成できるよう努力しろ、と思う方もいるかもしれません。ただ、役所の中で文書事務の"プロ"と言えば、法規担当です。大変かもしれませんが、原課から頼られたときに、的確に指導・助言できるよう、惜しみなく努力しましょう。

文書チェックで意識したいこと

　文書のよくあるミスは、平仮名で書くべき補助動詞が漢字で書かれていることです。例えば、「提出してください」が正解のところ、「提出して下さい」と誤って表記されています。ただ、「お水を下さい」のように単独の動詞として用いる場合は、漢字で書くため、注意が必要です。

　次に、送り仮名のミスです。「常用漢字表」に掲げられた用例に従うのが原則ですので、「行なう」は誤りで「行う」が正解です。また、「申し込みは、〇〇まで」という表記を見かけます。<u>動詞系の複合語については、途中の送り仮名を動詞のときは付け、名詞のときは付けない</u>のがルールです。したがって、「申込みは、〇〇まで」が正しい表記です。

　また、定着していない外来語を使用している例がありますが、読み手が理解できない表記は避けるべきです。例えば「スキーム」は「計画」にするなど、一般的な言葉に言い換えましょう。

起案するときの心構え

　この事例は、庁内への照会であり、内部文書でした。外部に出す文書が分かりにくかったり、公用文のルールから逸脱したものだったりすると、行政に対する信用が低下してしまいます。そのため、原課には、起案するときの心構えとして、①責任者意識を持って作成すること（担当事務に精通することなど）、②相手の立場に立って作成すること、③要領のよい起案を心掛けること（読み手が短時間で内容を理解できることなど）を示し、緊張感を持った文書作成を促すようにしましょう。

ポイント

◉まずは、法規担当自身が分かりやすい文書を作成できるよう努力を！
◉送り仮名の付け方など、よくあるミスの見落としに注意しよう！

伯耆主事がミスを見落とした"大和主事の起案文書"

《添削例》

令和〇年〇月〇日

部長　各位

総務部長　　〇〇　　〇〇

令和〇年度職員研修受講者の推薦について

　令和〇年度職員研修を別添実施①~~スキームの通り~~**計画のとおり**実施する②~~こと~~になりましたので、貴所属職員の研修受講者③~~を~~**について**、別紙推薦書③~~により、~~**を**次の④~~通り~~**とおり**提出して⑤~~下さる~~**くださる**ようお願い⑥~~申し上げます~~**します**。

⑦~~1　推薦書は、〇〇月〇〇日（〇）までに提出してください。~~
1　提出期限　令和〇年〇〇月〇〇日（〇）
　　⑧~~尚~~**なお**、地方自治法研修については、5月に⑨~~行なう~~ため、⑩手続きの都合上、〇月〇〇日（〇）までに⑪~~推薦書を~~提出してください。
2　教養講座については、⑫~~開催~~**実施**⑬~~1ヶ月~~**1か月**前の⑫~~開催~~通知の際に受講者の推薦依頼を**する**ので、今回は提出しないでください。

※　「二重取消線」の部分が原案。「ゴシック体」の部分が修正例

152

【修正の理由】

① 「スキーム」は、定着している言葉とは言えない。また、「〜のとおり」は助詞なので、平仮名で書く。

② 「〜になる」という表現は、どこか他人事と感じる。「実施する」と言い切ってよい。

③ 「別紙推薦書により」を省略すると、「貴所属職員の研修受講者を、次の通り提出して」とつながりがおかしいことが分かる。

④ 「〜のとおり」は助詞なので、平仮名で書く。

⑤ 補助動詞のため、「くださる」と平仮名で書く。

⑥ 公用文では"丁寧語"を使用する。"謙譲語"の「申し上げる」は使用しない。

⑦ 既に"網掛け"部分で、「推薦書を提出してください」と書いているので、重複している。また、「提出期限　令和○年○○月○○日(○)」と書いてあった方が、読みやすい。

⑧ 接続詞は、平仮名で書く。

⑨ 常用漢字表には、「行」の用例として「行う」が掲げられている。「行なう」は誤り。

⑩ 公用文では、活用がなく読み間違えるおそれのない複合語は、送り仮名を省略する。「手続き」の「き」は省略するのが、ルール。そのほか、「支払」「取組」などにも、注意する。

⑪ 既に"網掛け"部分で、「推薦書を提出してください」と書いているので、重複している。

⑫ 「実施」と「開催」と用語が混在している。「実施」に統一する。

⑬ 横書きで算用数字を使う場合は、平仮名で書く。「ヶ」は用いない。

> 原課の文書を添削するときは、ただ削ったり、加えたりするのではなく、理由も付記するようにしましょう。

5 「及び？　および？」「又は？　または？」

▶ 文書作成指導②

失敗事例 ## 公用文と広報文のルールを混同した

　伯耆主事は、市広報誌「ほうげん」を読んでいて、“および”や“または”が平仮名で書かれているのに気が付きました。広報課の係長に「“および”でなく“及び”ですよ。あと、“または”も“又は”が正しいです」と伝えました。すると、「広報文には、広報文のルールがあるんだ。間違いではないよ」と、苦い顔をされてしまいました。

事例解説 ## 広報文のルールを知らずに失敗

　常用漢字表の別紙に「公用文における漢字使用等について」というものがあり、公用文のルールが示されています。その中で、「接続詞は、原則として、仮名で書く」とされた上で、「ただし、次の４語（及び・並びに・又は・若しくは）は、原則として、漢字で書く」とされているので、伯耆主事の理解は、決して間違っていません。しかし、広く一般の住民が読む広報文には、公用文よりも理解のしやすさ、読みやすさが求められます。そのため、広報文については『記者ハンドブック新聞用字用語集』（共同通信社）などマスコミのルールに準じて書かれています。広報文では、“および”や“または”が正解なのです。また、広報文では、送り仮名の付け方も公用文と異なるケースがあるので、注意が必要です。

　伯耆主事は、公用文のルールを習得することに夢中で、まさか広報文には別のルールがあるとは思いもしませんでした。「文書事務は、奥が深い。もっと勉強しよう」と決意を新たにしたのでした。

広報文にはなかなか克服できない違和感がある⁈

筆者は、法規担当になる前に市の広報誌を読んでいても、何も違和感を持ちませんでした。しかし、法規担当になって、公用文のルールを覚えていくうちに、広報誌の中に「および」「申し込み」などの表記を見つけると、「何だか気持ちが悪いな」と感じるようになりました。

広報文には、広報文のルールがあります。「郷に入れば郷に従え」です。広報誌だけでなく、ホームページにも言えますが、若い世代からお年寄りまで様々な年代の住民が読むものです（筆者の小学生の娘も、社会科の授業で市ホームページを閲覧して、市政について調べていました）。したがって、誰が見ても分かりやすく、親しみやすいよう、独自のルールがあるのです。

公用文と広報文で「送り仮名」が異なるケース

「及び」や「又は」以外に、公用文と広報文で「送り仮名」が異なる代表的な例を挙げておきます。法規担当は原課に間違った指導をしないよう、代表的な例は覚えておくとよいでしょう。

公用文	広報文	公用文	広報文
受入れ	受け入れ	立会い	立ち会い
打合せ	打ち合わせ	問合せ	問い合わせ
切捨て	切り捨て	取消し	取り消し
繰上げ	繰り上げ	取下げ	取り下げ
支払	支払い	見積り	見積もり

（出典）小田順子『令和時代の公用文　書き方のルール』（学陽書房、2021年）194頁以下から抜粋

ポイント

◉公用文のルールだけが、全てではない！
◉広報文には独自のルールがあるので、注意しよう！

用字用語チェック問題

　公用文における用字用語で、正しい方に○を付けてみましょう。

　分からない場合は、文化庁のホームページから「常用漢字表」などをダウンロードし、調べてみてください。

・予め	あらかじめ
・行なう	行う
・全て	すべて
・寄附	寄付
・手続	手続き
・挨拶	あいさつ
・宛先	あて先
・概ね	おおむね
・既に	すでに
・関わらず	かかわらず
・日付	日付け
・本日より	本日から
・生かす	活かす

⇒　解答は、166頁にあります！

「公用文作成の考え方」（令和４年１月11日閣文第１号内閣官房長官通知）

　令和４年１月11日の閣議において、文部科学大臣から「公用文作成の考え方」（文化審議会建議）が報告されました。現代社会における公用文作成の手引としてふさわしいものとして、各国務大臣に宛てて周知されています。自治体においても、とても参考になる内容です。文化庁のホームページからぜひダウンロードしてください。

「すべて」と「全て」の混在

あれっ？　こっちでは「全て」だけど？

　法律を読んでいると、同じ用語がある場所では平仮名なのに、別の場所では漢字で表記されているのを、目にすることがあります。例えば、公職選挙法の65条では「すべて」で、80条1項では「全て」と表記されています。これって、ミスなのでしょうか？

（開票日）
第65条　開票は、<u>すべて</u>の投票箱の送致を受けた日又はその翌日に行う。
（選挙会又は選挙分会の開催）
第80条　選挙長（略）又は選挙分会長は、<u>全て</u>の開票管理者から第66条第3項の規定による報告を受けた日又はその翌日に選挙会又は選挙分会を開き、（略）。

表記改めのルール

　実は、ミスではありません！　平成22年に常用漢字表の見直しが行われました。その際、「全」の読み方に「すべて」が加えられました。それまで、法令では「すべて」と表記するのがルールでしたが、常用漢字表の見直しにより「全て」と表記するのが正解になりました。

　しかし、表記だけの改正は行われません。従来の表記方法で定められている条文については、「その条について実質的な改正が行われるときに、併せてその条の表記改めをする」こととされています。

　公選法80条1項は、平成27年改正の際に表記改めがされました。他方、65条は平成15年以降改正がないので、表記改めがされていないのです。

6 そのケース記録、 開示請求の対象ですよ!

▶文書作成のポイント

失敗事例 主観的な記載で苦情に発展

　福祉課に対し生活保護受給者からケース記録の開示請求がありました。対象文書は、伯耆主事が文書事務の指導をした新採職員が作成したもので、受給者に対する不満が書かれていました。そのため、受給者から総務課に「どういう指導をしているのですか」と苦情が入りました。「公用文は客観的に書く」ということが徹底されていなかったようです。

事例解説 開示請求の対象であることを意識してもらう

　ケース記録とは、生活保護ケースワーカーが受給者の生活実態を継続的に記録するもので、処遇方針を立てたり、自立に向けた支援を行ったりするための基礎資料です。ケース記録は、客観的具体的事実に基づいて作成されるものであり、担当ケースワーカーの主観的・感覚的な印象や評価を記載するものではありません。

　また、生活保護受給者Aのケース記録は、保有個人情報です。つまり、Aは、個人情報保護条例に基づいて、自身に関するケース記録を開示請求することができるのです。開示請求の対象であることを踏まえると、より一層意識して主観的・感情的な記載にならないよう注意する必要があります。

　「ごみが散乱していて、悪臭がした。衛生面で心配である」などは客観的事実と言えますが、「指導指示に全く従わず、腹が立った」のように主観的・感情的なことを記載したのがよくなかったのです。

公用文は客観的に書く

　公用文を客観的に書く…「えっ！　当たり前じゃない？」と思う方が大半ではないでしょうか。当然のことに思われるかもしれませんが、意外にできていないのです。

　ケース記録の開示請求について、担当ケースワーカーの率直な印象・評価が記載されている部分を不開示決定したところ、訴訟が提起された事案があります。判決で、「何ら客観的具体的事実に基づかない主観的・感覚的な印象や評価の記載が、およそ適正な保護業務の遂行等のために必要であるのかどうかは多大な疑問があり、（略）」（東京地判平成19年7月4日賃金と社会保障1449号62頁）と判示されています。これは、氷山の一角であり、たまたま開示請求されていないだけで、表に出ると"ヤバい"ものは結構あるはずです。

　原課に対しては、「またか…」と思われるくらい、公用文は客観的に書くよう、折に触れ助言するようにしましょう。

特に客観的に書くべきもの

　ケース記録のほかに、特に客観的に書くべきものとして、**保育園における保育記録、乳幼児健診の記録、税滞納者との交渉記録**などが挙げられます。これらの中には、機微情報であり、取扱いに配慮が必要な情報が含まれるので、より客観性が求められます。

　また、こういった記録をシステム管理している場合、システムのメモ機能に入力した内容も保有個人情報です。開示請求の対象になるので、不必要なことを書かないよう、原課に指導するとよいでしょう。

> **ポイント**
> ◉**公用文は客観的に書くよう指導しよう！**
> ◉**開示請求の対象です！　不必要なことは書かないよう注意しよう！**

7 文書事務の落とし穴 ～届くまでが仕事～

▶ 発送ミスの防止

失敗事例 納税通知書の発送ミスで大炎上

税務課で納税通知書を誤って別の市民に送付するという事案が発生しました。原因は、通知書の封筒詰めを1人の係員で行い、封筒に印字された宛名と通知書の宛名とが一致しているか、複数人での確認を怠ったことにありました。誤送付により個人情報が漏えいしたため、伯耆主事は、税務課と共に対象者への謝罪や、議会への報告、記者発表などの準備に追われました。

事例解説 誤送付がないよう工夫をする

新聞を読んでいると、「○○文書を別人に誤送付」のような記事を目にすることが後を絶ちません。自治体では、納税通知書をはじめ、健康診断の受診勧奨通知、選挙の投票所入場券など様々な文書を住民に送付しています。行政内部にいると、「いろいろな文書を、大量に送付しているのだから、少しくらいのミスは許してよ」という気持ちになりがちですが、誤送付は絶対にあってはなりません。

この事例の納税通知書の誤送付は、言い換えれば「個人情報の漏えい」です。文書事務においては、文書の起案や決裁までは注力しますが、封筒詰めなど発送作業は、臨時職員などに任せ切りにしてしまう傾向にあります。しかし、1人に任せ切りにするのは、あまりに危険です。

伯耆主事は失敗を受けて、複数人による確認の徹底や、宛名ラベルは使用せず、窓あき封筒を使用することにより、原課が文書発送で思わぬミスを防ごうと決意しました。

文書発送でミスをしないために

　①起案⇒②回議・合議⇒③決裁の後は、④浄書（修正指示を受けた箇所の文言の修正）⇒⑤公印押印⇒⑥発送の順に手続が進みます。文書事務においては、どうしても「起案」や「決裁」に力点が置かれ、納税通知書のように文書が大量な場合、臨時職員に任せることがあります。業務効率のため、これが悪いわけではありません。ただ、任せ切りにし、複数人による確認を怠ると、誤送付につながるおそれがあります。

　また、マイナンバーの取扱いは一層注意が必要です。Aのマイナンバーが含まれる文書をBに誤送付し、BがAのマイナンバーを知ってしまったときは、Aのマイナンバーを変更する必要があります。行政に対する信用の低下につながるため、絶対に避けなければなりません。

メールの誤送信にも要注意

　今や業務を行う上で、電子メールは必要不可欠です。昔は、紙で送られてきた国・県の通知は、ほとんど電子メールに代わりました。

　ただ、メールの誤送信による個人情報の漏えいも後を絶ちません（省庁のホームページなどで、時々担当者が誤送信したと発表されているのを見掛けます。）。法規担当は、文書の発送やメールの送信が"思わぬ"落とし穴であることをよく認識し、原課に注意喚起をしましょう。

ポイント
◉複数人による確認や、窓あき封筒の使用で、誤送付をなくそう！
◉メールの誤送信にも細心の注意を！

8 文書が見当たらない！ を防ぐファイリング術

▶ 文書の紛失防止

失敗事例 ルールの徹底不足で書類を紛失

保元市では、文書管理にファイリングシステムを導入し、法規担当が原課を巡回指導しています。福祉課の巡回の際、主事の机上に申請書が積み重なっていたため、「整理整頓してください」と指導しました。しかし、主事は申請書をほかの書類のファイルに綴って紛失し、苦情を受けたため、「もっと強く指導してほしかった」と言ってきました。

事例解説 庁内共通の文書管理ルールを定める

ファイリングシステムとは、作成又は取得をした文書の「保管⇒保存⇒廃棄」までの管理について、庁内のルールを統一化したものです。統一化したシステムがないと、文書は"個人管理"になりがちです。個人の机にしまうなどの私物化が起きます。また、統一化されていないために各々の簿冊につづることも多く、担当者がいないと「文書がどこにあるか分からない」ということも日常茶飯事になります。

システムを導入することで、組織内で共有化された文書管理が行われるため、担当者が不在でも、すぐに文書を探し出すことができます。また、人事異動で部署が変わっても、同じシステムにより文書管理をしているため、容易に文書を探すことができ、業務が効率化されます。

主事は、恨み言を言う前に整理整頓を行うべきです。しかし、伯耆主事もただ「整理整頓してください」と言うだけでなく、システムの趣旨や、整理整頓方法を示すなど、より具体的な助言ができたはずです。

ファイリングシステムで文書を適切に管理

　ファイリングシステムでは、"ファイル基準表"というどの書類がどこにあるかまとめた表を作成します。そして、事務や事業ごとにそれぞれ個別フォルダを用意して、基準表に表示された順番にキャビネットに収納します。ファイリング基準表を見れば、担当者でなくても、必要な文書を探し出すことができます。

　文書を利用する際は、職員ごとの「貸出カード」を身代りにフォルダに差し込むことで、文書を戻しやすくするとともに、その所在を明らかにすることができます。また、処理が終わっていない申請書などは、退庁時には「懸案フォルダ」に入れ、キャビネットに片付けます。

　那須塩原市では、コンサルタントのサポートを受けながら、約５年を掛けてファイリングシステムを定着させました。

＜ ファイリング基準表入力シート ＞

第1ガイド		第2ガイド		第3ガイド		ラベル色	種別	文書		ファイルタイトル
コード1	名称	コード2	名称	コード3	名称					
01	全庁共通	01	文書			赤				
01	全庁共通	01	文書			赤	資			
01	全庁共通	01	文書			赤	資		03 (資)	ファイリング・システムテキスト

> 第1・第2・第3ガイドを見れば、所在が分かる！

職員一人一人が守るべきルール

　文書管理で重要なことは、職員一人一人がルールを守ることです。少なくとも、①文書を私物化しないこと、②利用した文書は正しく元に戻すこと、③退庁時は机上を整理することを徹底するとよいです。

　法規担当は、文書管理のルールを定め、説明会や個別の巡回指導を通じ、原課がルールを導守できるよう、助言しましょう。

ポイント
◉ファイリングシステムの導入で、文書管理が能率的になります！
◉一人一人が文書管理のルールを守れるよう研修などの実施を！

9 その文書、保存年限を満了していますか?

▶文書の誤廃棄防止

失敗事例 あるべきはずの資料が見当たらない

選管の書記から「衆院選が終わった。前回分の投票録とかを廃棄するんだけど、衆院選と一緒に行った最高裁裁判官の国民審査の分も廃棄してもよいよね?」と相談がありました。伯耆主事は、「同じ日に行ったものなので、よいのでは」と答えました。しかし、後日、国民審査の書類保存年限は10年であることが分かり、大問題になりました。

事例解説 個別の法令で保存年限が定められることも

文書は、それぞれに保存年限が決められています。法令で決められていることもあれば、文書取扱規程で定められている場合もあります。

公職選挙法施行令45条には、「投票に関する書類は、当該選挙に係る衆議院議員、参議院議員又は地方公共団体の議会の議員若しくは長の**任期間**、市町村の選挙管理委員会において保存しなければならない」と規定されています。一方、最高裁判所裁判官国民審査法24条は、「審査の投票は、有効無効を区別し、審査の投票録及び開票録と併せて、市町村の選挙管理委員会において、**審査の期日から10年間**これを保存しなければならない」と規定しています。衆院選と国民審査は、同日に執行されますが、書類の保存年限は異なります。

伯耆主事は、同じ日に行ったものなので保存年限も同じだろうと判断し、回答してしまったことを後悔しました。長門先輩からは、「根拠条文や文書取扱規程を確認する"癖"を付けようね」と助言されました。

各地の選管で誤廃棄続出

　2018年に全国各地の市町村選挙管理委員会において、最高裁判所裁判官国民審査の開票済みの投票用紙を誤廃棄していたことが分かりました。原因は、保存年限を衆院選と同じと誤解するなど、保存年限を把握していなかったことにあります（2018年11月21日朝日新聞デジタル）。

　文書には、それぞれ保存年限が決められています。国民審査のように法律で決められている場合もあります。また、自治体ごとに文書取扱規程で決められているものもありますので、法規担当はよく把握するようにしましょう。また、「保存年限一覧表」を作成し、原課に周知することで、誤廃棄のリスクを減らすことができます。

保存箱の活用で誤廃棄防止

　複数の文具メーカーが、書類の内容や冊数、保存年限、保存満期などを記入できる「保存箱」を販売しています。こうしたものを活用すれば、誤廃棄はなくなるでしょう。

保存箱に保存年限の満了日が明記されているので、誤廃棄することは、まずありません！

※筆者が作成したサンプルで実際の物ではありません。

ポイント

◉文書取扱規程などをよく確認し、保存年限を正しく把握しよう！
◉「保存箱」などで保存年限を記録し誤廃棄リスクを減らそう！

用字用語チェック問題（156頁）の答え

コラム

- 予め　　　　　　　　あらかじめ
- 行なう　　　　　　　行う
- 全て　　　　　　　　すべて
- 寄附　　　　　　　　寄付
- 手続　　　　　　　　手続き
- 挨拶　　　　　　　　あいさつ
- 宛先　　　　　　　　あて先
- 概ね　　　　　　　　おおむね
- 既に　　　　　　　　すでに
- 関わらず　　　　　　かかわらず
- 日付　　　　　　　　日付け
- 本日より　　　　　　本日から
- 生かす　　　　　　　活かす

【解説】

　通知文を読んでいると、「予め」や「概ね」と書かれているのをよく目にします。しかし、常用漢字表を確認すると、「予」の読み方として「ヨ」、「概」の読み方として「ガイ」のみが定められています。

　また、以前は「あいさつ」が正解でしたが、平成22年の常用漢字表の改定により、「挨拶」と漢字表記するとされました。

　「常用漢字表」の別紙「公用文における漢字使用等について」において、「公用文における漢字使用は、『常用漢字表』（平成22年内閣告示第2号）の本表及び付表によるものとする」と定められています。「常用漢字表」や内閣法制局長官が定めた「法令における漢字使用等について」は、手元に置いて辞書のように使いましょう。

166

あとがき

　本書では、自治体法規担当の実務のポイントをお伝えしました。筆者は現在、選挙管理委員会事務局に在籍しています。不本意にも自治体法務の実務から離れてしまったため、法規担当としての仕事や自学を通じて得たものを、忘れないうちにまとめておきたいと考えていました。

　そんな折、『自治実務セミナー』での筆者の連載「新米法務担当へのメッセージ」（2020年8月～2021年3月）に触れ、本書の執筆依頼を下さった学陽書房編集一部企画一課の根山萌子さんには、大変お世話になりました。短い論文を書いた経験はありましたが、本の執筆は初めてのことでした。特に、見開き2ページで1テーマを分かりやすいように書くのはとても難しく、何度も心が折れそうになりました。しかし、執筆段階で、根山さんからたびたび的確な助言を頂き、何とか最後まで書くことができました。本当にありがとうございました。

　また、ここまで法規担当の世界にのめり込めたのも、総務課行政係長であった鈴木正宏氏（現・企画部那須塩原駅周辺整備室長）の全面的な理解があったからです。この場をお借りして、深く感謝申し上げます。

　最後に、メッセージを贈りたいと思います。
　4月に法規担当になったあなた！　ようこそ、自治体法務の世界へ‼
　4月で法規担当2年目を迎えたあなた！　いよいよこれからです‼
　本書を足掛かりに、"頼りにされる"法規担当を目指して、頑張ってください。応援しています！

2022年3月

蓮實　憲太

●著者紹介

蓮實 憲太（はすみ けんた）

那須塩原市選挙管理委員会事務局主査
1983年5月栃木県生まれ。2008年那須塩原市役所入庁、教育委員
会事務局生涯学習課、保健福祉部社会福祉課、総務部総務課、総
務省自治行政局選挙部選挙課派遣を経て、2020年より現職。自治
体学会会員、地方行政実務学会会員。行政書士、社会保険労務士
の資格を持つ。「空き地問題への条例対応の必要性とそのあり
方」（2021年10月号・11月号）、連載「"新米"法務担当へのメッ
セージ」（2020年8月号〜2021年3月号）、いずれも『自治実務セ
ミナー』（第一法規）ほか、寄稿実績多数。

失敗事例で分かる
自治体法規担当の仕事

2022年4月21日　初版発行

著　者　蓮實 憲太（はすみ けんた）

発行者　佐久間重嘉

発行所　学 陽 書 房

〒102-0072　東京都千代田区飯田橋1-9-3
営業部／電話　03-3261-1111　FAX　03-5211-3300
編集部／電話　03-3261-1112
http://www.gakuyo.co.jp/

ブックデザイン／佐藤　博
DTP制作・印刷／精文堂印刷
製本／東京美術紙工